Die lustigs
Das Witzebuch für Kinder
Sprüche und Scherzfrag

Markus Möglich

Die lustigsten Kinderwitze der Welt

Das Witzebuch für Kinder ab 8 Jahren,
über 450 der besten Witze, Sprüche und Scherzfragen
für Erstleser und Fortgeschrittene!

Inhalt

Vorwort *7*

Alltagswitze *9*

Schulwitze *58*

Familienwitze *79*

Doktorwitze *90*

Tierwitze *104*

Skelettwitze *140*

Meine Witze *143*

Haftungsausschluss *149*

Impressum *150*

Vorwort

Was bringt dich zum Lachen? Ich habe ein Video von einem Hund auf einem Skateboard gesehen. Das brachte mich zum Lachen. Mein Bruder hat einmal seinen Gummistiefel im Schlamm verloren. Das brachte mich zum Lachen. Mein Freund hat mir einmal einen Witz erzählt, der so lustig war, dass ich sogar weinen musste.

Dieses Buch ist voll mit den besten Witzen, die ich kenne. Benutze sie, um herauszufinden, welche Erwachsenen lustig und welche wahrscheinlich todlangweilig sind. Oder erzähl sie einfach deinen Freunden. Das habe ich auch getan!

Alltagswitze

Was ist der Unterschied zwischen Brokkoli und Nasenschleim? Es ist schwierig Kinder zu finden, die Brokkoli gerne essen.

....

Mann auf dem Standesamt: „Guten Tag! Ich möchte gerne meinen Namen ändern!"

Beamter: „Wie heißen Sie denn?"

Mann: „Brenz."

Beamter: „Aber das ist doch ein normaler Name."

Mann: „Ja, schon, aber jedes Mal, wenn ich telefoniere und mich mit „Hier Brenz" melde, kommt die Feuerwehr!"
....

Ziehen drei Männer in ein Haus ein. Herr Keiner, Herr Dumm und Herr Niemand. Herr Keiner wohnt oben, Herr Dumm in der Mitte und Herr Niemand unten. Alle Männer gehen

auf ihre Terrasse. Herr Keiner spuckt Herrn Dumm auf den Kopf.
Herr Dumm geht zum Wachtmeister und sagt: „Keiner hat mir auf den Kopf gespuckt und Niemand hat's gesehen." Darauf der Wachtmeister: „Sagen Sie mal, sind Sie etwa Dumm?" Da sagt Herr Dumm: „Ja, woher kennen sie denn meinen Namen?"

....

Meier stürzt in einen Haushaltswarenladen: „Schnell eine Mausefalle! Ich muss den Bus noch erwischen!"

Verkäufer: „Tut mir leid, aber so große Fallen haben wir nicht!"

....

Verhandlung im Gerichtssaal. Richter zum ersten von drei angeklagten Männern: „Nun, was haben Sie angestellt?" Erster Angeklagter: „Ich habe den Stein in den Kanal geworfen!" Richter: „Das ist kein Delikt. Freispruch!" Richter zum zweiten Angeklagten: „Und welche Straftat haben Sie begangen?" Zweiter Angeklagter: „Ich habe dabei geholfen, den Stein in den Kanal zu werfen!" Richter: „Das ist auch kein Verbrechen. Freispruch!" Richter zum Dritten

Angeklagten: „Und weshalb sind Sie nun angeklagt?" Dritter Angeklagter: „Ich bin der Stein, Euer Ehren! Hubert Stein!"

....

Zwei Männer wollen ein richtig schweres Sofa in den 8ten Stock eines Hochhauses schleppen.

Der Fahrstuhl ist leider zu klein für so ein großes Sofa. Also nehmen die Beiden die Treppen.

Oben angekommen, sagt der eine zum anderen: „Du, ich habe eine gute und eine schlechte Nachricht. Die Gute: Wir sind endlich im 8ten Stock. Die Schlechte: Wir sind im falschen Haus."

....

Eine Wunsch-Fee erlaubt einem Chinesen, einem Amerikaner und einem Deutschen einen Wunsch: Wenn sie vom 10-Meter Turm ins Wasser springen und sich was wünschen, so bekommen sie es. Der Chinese springt und sagt „chinesisches Bier". Das Becken ist voller chinesischem Bier. Der Amerikaner springt rein, sagt „100 Dollar-Scheine". Das Becken ist voller 100-Dollar-Scheine. Der

Deutsche springt, rutscht aus und schreit: „Oh Scheiße!"

....

Es ist abends. Fritzchen und seine Freunde sitzen am Lagerfeuer. Schon seit einer Stunde werden sie von nervigen Mücken belästigt. Als es Nacht wurde nimmt die Plage etwas ab. Auf einmal tauchen Glühwürmchen auf. Da sagt Fritzchen: Diese fiesen Mücken. Jetzt kommen die schon mit Laternen, um nach uns zu suchen."

....

Klein Frederik auf dem Fahrrad: „Mami, Mami schau mal, ich kann mit nur einer Hand Fahrrad fahren."
Kurze Zeit später: „Mami, Mami schau mal, ich kann ganz ohne Hände Fahrrad fahren."
Noch einen Moment später: „Mami, Mami schau mal, ich kann ganz ohne Hände und Beine Fahrrad fahren."
Noch etwas später: „Mami, Mami schau mal, ganz ohne Zähne."

....

Was liegt die ganze Zeit auf der Erde, wird aber niemals dreckig? Dein Schatten!

....

Martha: „Was isst du da? Sind das Apfelkerne?"
Peter: „Ganz genau. Und weißt du auch warum? Apfelkerne machen schlauer. Du kannst mir gerne welche abkaufen."

Martha: „Ok, cool. Ich kaufe dir 20 für 2 Euro ab."

Peter: „Geht in Ordnung."

Martha isst die Apfelkerne und sagt: „Hey, die Apfelkerne machen gar nicht schlauer! Gib mir mein Geld wieder!"
Peter:" Nö, du bist doch schon schlauer, weil du jetzt weißt, dass Apfelkerne eben nicht schlauer machen."

....

Kommt ein Kind mit nasser Kleidung nach Hause.

Die Mutter fragt: „Kind warum bist du denn so durchnässt?"

Darauf das Kind: „Ich und meine Freunde haben Hund gespielt und ich war der Baum."

....

Zwei kleine Jungs gehen die Straße entlang. Dann findet einer von ihnen einen 100 Euro Schein.

Dann sagt sein Freund: „Das darfst du nicht behalten!"

Darauf der Junge: „Doch, der gehört meiner Mami."

Der Freund: „Woher willst du das so genau wissen?"
Der Junge: „Mein Vater sagte zu meiner Mama, dass er keine andere Frau kennt, die Geld so zum Fenster rausschmeißt."

....

Metzger zum kleinen Jungen: „Du bist jetzt schon seit 20 Minuten in meinem Laden und starrst mich nur an. Was möchtest du?"

Der Junge: „Meine Mama hat mich geschickt. Ich soll herausfinden, ob Sie Schweineohren oder Schweinefüße haben."

....

Die Stewardess verteilt im Flugzeug Kaugummis. „Das ist gut für die Ohren."

Älterer Herr nach einigen Stunden: „Können Sie mir mal sagen, wie man das Zeug wieder aus den Ohren herausbekommt?"

....

Die Mutter zu ihrem Sohn: „Kannst du bitte schnell den Salzstreuer auffüllen?"

Eine Stunde später kommt der Kleine schluchzend und schniefend aus der Küche: „Ich schaff's einfach nicht das Zeug durch die Löcher zu stopfen!"

....

„Nun Fritzchen, kannst du mir den Unterschied zwischen „ausreichend" und „genug" erklären?"

„Kann ich. Ausreichend ist, wenn Mutti mir Schokolade gibt. Genug ist, wenn ich mir selber welche nehme!"

Sagt ein Mädchen zu einem Jungen: „Weißt du, dass Mädchen schlauer sind als Jungs?"

Antwortet der Junge: „Nein, das wusste ich nicht."

Antwortet das Mädchen: „Siehst du."

....

Klein-Erna abends zu ihrer Mutter: „Kennst du den Unterschied zwischen Radio, Fernsehen und Taschengelderhöhung?"

„Nein!"

„Das Radio hört man, das Fernsehen sieht man, aber von einer Taschengelderhöhung hört und sieht man leider überhaupt nichts"

....

Tim kommt kreidebleich vom Indianer spielen nach Hause. „Tim, mein Kleiner, haben sie dich wieder an den Marterpfahl gebunden?" „Nein Mami, heute haben wir die Friedenspfeife geraucht."

....

Brillenträger im Musikgeschäft: „Ich nehme die Ziehharmonika dort drüben und die Trompete da!"

Verkäufer: „Den Feuerlöscher können sie mitnehmen, aber die Heizung bleibt hier!

Um Mitternacht klettern zwei Skelette auf dem Friedhof aus ihren Gräbern und gehen zu zwei abgestellten Motorrädern.
Plötzlich meint das eine Skelett: „Einen Moment, ich hab' was vergessen!"
Es kommt mit seinem Grabstein auf dem Rücken zurück.
Fragt das andere Skelett: „Bist du übergeschnappt? Was soll denn das?"
Erstes Skelett: „Ich bin doch nicht blöd und fahre ohne Papiere!"

Eine kräftige Frau steigt in der Apotheke auf die neue, moderne Waage. Waage: „Immer nur eine Person auf einmal!"

Schild in der U-Bahnstation: „Auf der Rolltreppe müssen Hunde getragen werden!"
Passant: „Und wo bekomme ich jetzt auf die Schnelle einen Hund her?"

Angerufener: „Wer ist denn am Telefon?"
Huber: „Huber"
Angerufener: „Bitte, wer?"
Huber: „Huber, Heinrich, Ulrich, Berta, Emil, Richard."
Angerufener: „Und wieso ruft ihr zu fünft an?"

Erste Mutter: „Wickelt ihr euer Kind auch mit diesen modernen saugfähigen Papierwindeln?"

Zweite Mutter: „Nein, wir geben ihm Trockenmilch und stauben es dann nur ab!"

Erwin kommt beschwipst nach Hause und meckert sofort: „Ist das heute wieder ein mieses Fernsehprogramm."

Sagt seine Frau: „Du stehst ja auch vor dem Spiegel!"

Passant: „Warum ziehen Sie denn ein Seil hinter sich her?"

Huber: „Ich hab's schon probiert, schieben geht nicht!"

....

Müller kommt pfeifend ins Büro, küsst die Sekretärin, haut seinem Chef eine runter und kippt ihm den vollen Aschenbecher über den Kopf.

Kollege: „Hör auf, du Knallkopf. Du hast nicht im Lotto gewonnen, APRIL, APRIL!"

....

Der Polizist hat einen Betrunkenen angehalten und will den Führerschein sehen.

Der Autofahrer ist empört: „Den habe ich euch doch schon vor sechs Wochen gegeben! Ihr habt ihn doch nicht etwa verschlampt?"

....

Im Wirtshaus sitzen ein Student und ein Mann mit einer riesigen Nase an einem Tisch.

Student: „Wo haben Sie nur diese extrem lange Gurke her?"

Mann: „Als bei der Schöpfung der Menschen die Nasen verteilt wurden, bin ich zu spät gekommen und es waren nur noch zwei da, meine und Ihre.

Ich wollte schon Ihre nehmen, da sagte der Herrgott zu mir: Nimm die lieber nicht, das ist eine Rotznase!"

Ein Spazierstock wird in einen Schirmständer mit zwei Damenschirmen gesteckt. Meint der eine Schirm: „Igitt, sieh mal, da kommt ein nackter Mann!"

Knauser zum Postbeamten: „Ich hätte gerne eine Achtzig-Cent-Briefmarke! Aber machen Sie den Preis ab, es soll ein Geschenk sein!"

Züchter: „Mir ist es endlich gelungen, runde Bananen zu züchten!"

Kollege: „Das ist ja super."

Züchter: „Der einzige Nachteil ist, die Dinger schmecken wie Orangen!"

Frau Huber zu ihrem Mann: „Deine Füße gucken ja unter der Bettdecke raus."

Huber: „Das weiß ich!"

Frau Huber: „Sind sie denn nicht kalt?"

Huber: „Doch, und wie!"

Frau Huber: „Warum steckst Du sie dann nicht unter die Decke?"

Huber: „Ich will die kalten Dinger doch nicht in meinem Bett haben!"

....

Ein junger Autofahrer wird von der Polizei angehalten: „Den Führerschein? Den gibt's doch erst ab achtzehn, oder?"
....

Huber: „Egon, was hast Du eigentlich für eine Schuhgröße?"

Egon: „Viertel nach fünf!"

Huber: „Mann, dann müssen wir hier ja aussteigen!"
Gastgeberin: „Ist Ihnen langweilig?"

Gähnender Besucher: „Wohl weniger, es wird der Hunger sein!"

....

Kinokassiererin: „Das Kino ist bis auf den letzten Platz ausverkauft!"

Besucher: „Macht nichts, dann geben Sie mir eben den letzten."

....

Ein Mann klettert an einer offenstehenden Bahnschranke hoch.

Schrankenwärter: „Mann, was treiben Sie da?"

Mann: „Ich vermesse die Schranke!"

Schrankenwärter: „Hätten Sie ja gleich sagen können, dann hätte ich sie Ihnen doch runtergelassen."

Mann: „Nützt ja nichts! Ich brauche die Höhe, und nicht die Breite!"

....

Hans will Franz besuchen und drückt die Türklingel.

Franz von drinnen: „Bei uns ist keiner zuhause!"

Hans von draußen: „Na, dann ist es ja gut, dass ich nicht extra gekommen bin."

Frisörmeister zu seinem Lehrling: „Wenn du im Laden fertig bist, gehst du auf den Hof und frisierst mein Motorrad!"

Ein Gärtner sammelt von der Straße Pferdeäpfel auf. Passant: „Was machen Sie mit den Pferdeäpfeln?"

Gärtner: „Die streue ich auf die Erdbeeren."

Passant: „Komisch, wir nehmen immer Zucker!"

Ein Staubsaugervertreter will auf einem abgelegenen Bauernhof der Bäuerin seinen Staubsauger vorführen und schüttet einen großen Beutel Dreck vom Hof in die Stube.

Vertreter: „Ich werde jeden Krümel Dreck vom Boden aufessen, den dieser Staubsauger nicht wegsaugt!"

Bäuerin: „Mahlzeit, wir haben hier oben nämlich keinen Strom!

Richter: „Warum haben Sie denn nur das Rad gestohlen?"

Dieb: „Wissen Sie, das Rad lehnte an der Friedhofsmauer, und ich dachte, der Besitzer sei gestorben!"

Herr Bollmann hat auf seinem Kopf nur noch drei Haare und geht damit zum Frisör. Frisör: „Wie hätten Sie es denn gerne, der Herr?"

Bollmann: „Den Scheitel links, bitte!" Der Frisör legt ein Haar nach links und zwei nach rechts. Dabei fällt leider ein Haar aus.

Frisör: „Das tut mir aber leid! Was soll ich jetzt machen?"

Bollmann: „Machen Sie einen Mittelscheitel!" Leider fällt dabei ein weiteres Haar aus. Verzweifelter Frisör: „Und nun, mein Herr?"

Bollmann: „Schon gut! Ich gehe heute struppig nach Hause!"

....

Schröders besichtigen eine Neubauwohnung.

Frau Schröder: „Das sind aber tolle Einbauschränke!"

Makler: „Nein, meine Dame, das sind die Kinderzimmer!"

....

Alter Arbeiter: „Früher mussten wir 25 Stunden am Tag arbeiten!"

Lehrling: „Der Tag hat doch nur 24 Stunden."

Arbeiter: „Wir haben halt eine Stunde früher angefangen!"

....

Kunde im Blumenladen: „Sind die Blumen künstlich?"

Verkäufer: „Natürlich!"

Kunde: „Was denn nun, künstlich oder natürlich?"

Verkäufer: „Künstlich natürlich!"

....

Kassierer im Kino: „Mein Herr, das ist nun schon die siebte Eintrittskarte, die Sie innerhalb einer Stunde kaufen."

Herr: „Was soll ich denn machen? Am Eingang steht ein Kerl, der sie mir jedes Mal zerreißt!"

Im Kaufhaus: „Fräulein, ich möchte gerne ein Paar Unterhosen."

Verkäuferin: „Lange?"

Käufer: „Das geht Sie gar nichts an, ich will sie ja nicht mieten, sondern kaufen."

Richter: „Angeklagter! Sie haben also zwei Schweine gestohlen! Hat die Stalltür offen gestanden oder war sie verschlossen?"

Angeklagter: „Offen gestanden, sie war verschlossen!"

Meister: „Ja, was fällt dir denn ein, beim Arbeiten am Handy rumzuspielen, Lümmel?"

Arbeiter: „Aber Meister, ich arbeite doch gar nicht!"

Karl: „Würden Sie mir bitte eine neue Klingel anbringen?"

Fahrrad-Mechaniker: „Gern! Aber die Bremsen sind auch nicht in Ordnung!"

Karl: „Weiß ich! Deshalb brauche ich ja die neue Klingel!"

....

Zwei Freunde schauen Fußball: „Ein gutes Spiel", sagt der eine, „nur die Tore fehlen!" „Wieso, da stehen doch zwei!"

....

„Bei uns zu Hause ist jeder voll mies drauf", klagt Fritz bei seinem Freund.

„Der Einzige, der gut aufgelegt ist, ist der Telefonhörer!"

....

Fritzchen sitzt am See und angelt.

Ein Spaziergänger fragt: „Und, beißen die Fische?"

Fritzchen antwortet entnervt: „Nein, Sie können sie, ruhig streicheln."

Im Ferienheim.
Sieglinde: „Der Frühstückskaffee schmeckt heute wie Spülwasser!"

Heidi: „Das ist doch Tee."

Heimleiterin aus der Küche: „Noch jemand Kakao?"

Im Bus sitzt ein Junge mit einer Schnupfnase. Feiner Herr neben ihm: „Sag mal, hast du denn gar kein Taschentuch, Junge?"

Junge: „Schon, aber ich verleihe es nicht."

Hubert fährt freihändig auf dem Fahrrad.
Polizist: „Wie heißt du?"
Hubert: „Hubert Meier!"
Polizist: „Und dein Alter?"
Hubert: „Auch Meier!"

Fremder: „Wie komme ich am schnellsten zum Krankenhaus?"

Taxifahrer: „Ja, wenn sie mich so fragen: Am besten machen Sie die Augen zu und gehen über die Hauptstraße, ohne sich um die Huperei zu kümmern. Dann werden sie gleich mit Blaulicht hingefahren."

....

Mann: „Haben Sie sich vor kurzem das Rauchen abgewöhnt?"

Meier: „Ja, wieso?"

Mann: „Sie drücken Ihre Kekse im Aschenbecher aus!

....

Herbert: „Heute Nacht habe ich geträumt, dass ich einen riesigen Champignon essen würde."

Kollege: „Na, und?"

Herbert: „Als ich aufgewacht bin, war mein Kopfkissen verschwunden!"

....

Zwei Kinder laufen an einem ausgetrockneten See vorbei. Sagt das eine zum anderen: „Guck mal, der See ist weg!"

Sagt das andere Kind: „Das war bestimmt ein Seeräuber!"

....

Susanne: „Hallöchen!
Peter: „Hallöchen!"

Susanne: „Wie geht es dir?"

Peter: „Wie geht es dir?"

Susanne: „Äffst du mich nach?!"

Peter: Äffst du mich nach?!

Susanne: „Ich bin hässlich" (grinst)

Peter: „Ja, das stimmt."
Was ist Draculas bester Freund? Sein Bluthund.
....

Ein Mann rennt völlig außer Atem zum Bootssteg, wirft seinen Koffer auf das drei Meter entfernte Boot, springt hinterher, zieht sich mit letzter Kraft über die Reling und schnauft erleichtert: „Geschafft!"

Einer der Seeleute: „Gar nicht so schlecht, aber warum haben Sie eigentlich nicht gewartet, bis wir anlegen?"

....

Verkehrsfunk: „Bitte fahren sie äußerst rechts und überholen sie nicht, es kommt ihnen ein Fahrzeug entgegen!"

Mann empört: „Eins? Hunderte!"

....

Taucher geht auf dem Meeresgrund spazieren. Stimme im Kopfhörer: „Komm rauf, wir gehen unter!"

....

Polizist: „Sie wissen doch, dass ein Kind erst ab 12 auf dem Beifahrersitz mitfahren darf?"

Autofahrerin: „Ach Herr Wachtmeister, nun seien sie nicht so! Wegen der paar Minuten!"

....

Eine Frau kauft eine Zitrone, ein Viertelpfund Paprika, zwei Zwiebeln und eine Schachtel Streichhölzer.

Frau: „Könnten Sie mir die Sachen ins Haus liefern?"

Verkäufer: „Leider nein, gnädige Frau, unser Lastwagen ist gerade mit einem Sträußchen Petersilie unterwegs!"

....

Im Fundbüro: „Ist hier ein Fünfzig-Euro-Schein abgegeben worden?"

Fräulein: „Nein, nur ein Hundert-Euro-Schein."

Mann: „Macht nichts, ich kann wechseln."

....

Elektriker vor der Wohnungstür: „Unverschämtheit! Bestellen einen her, um die Klingel zu reparieren, und dann macht keiner auf, wenn man schellt!"

Ein Gefangener wird im Knast vom Pech verfolgt. Zuerst werden ihm die Mandeln entfernt. Danach quetscht er sich das Bein bei der Arbeit so schlimm, dass es amputiert werden muss. Dann kommen seine Zähne raus und zum Schluss der Blinddarm.

Als er in seine Zelle zurückkehrt droht ihm der Wärter mit dem Finger: „Jetzt ist aber Sense! Meinst du, ich bin blöd und merke nicht, dass du Portionsweise abhauen willst."

Oberkellner zu Kellner: „Was hat denn eigentlich der Gast von Tisch 8 ins Beschwerdebuch geschrieben?"

Kellner: „Nichts, er hat nur sein Kotelett reingeklebt!"

Gast beschwert sich: „Früher waren die Portionen hier aber viel größer als heute!"

Ober beschwichtigend: „Das meinen Sie nur, mein Herr! Wir haben nur inzwischen das Lokal vergrößert!"

Die letzten Worte eines Vampirs: „Schöner Tag heute!"

....

Was ist noch ekliger als ein Wurm in einem Apfel? Ein halber Wurm!

....

Was sagt der große Stift zum kleinen Stift? „Wachs mal, Stift!"

....

Leonie bekommt Geburtstagspost von ihrem schottischen Patenonkel. „Herzlichen Glückwunsch zu deinem 8.–18. Geburtstag."

....

„Ich hab keine Lust mehr, hier rumzuhängen!", sagte die Glühbirne und brannte durch.

....

Der Gast beschwert sich: „Herr Kellner! Da schwimmt ein Zahn in meiner Suppe!"

Kellner: „Sie haben doch gesagt, ich soll einen Zahn zulegen!"

„Herr Kellner!", beschwert sich der Gast, „in meiner Suppe schwimmt ein Hörgerät!"

„Wie bitte?"

Was ist weiß und geht den Berg hinauf? Eine Lawine mit Heimweh!

Was ist ein Keks im Schatten? Ein schattiges Plätzchen.

Welchen Tisch kann man essen? Den Nachtisch!

Wie nennt man einen Bumerang, der nicht zurückkommt? Stock!

Wie nennt man einen Mann mit Ohrenschützern? Wie man will, er kann ja nichts hören!

Woran erkennt man einen freundlichen Motorradfahrer? An den vielen Fliegen zwischen den Zähnen!

....

Der Dorfpfarrer baute sich einen Hühnerstall. Der 10-jährige Peter hat tüchtig geholfen. Als der Stall fertig war und die Hühner drin waren, gab der Pfarrer Peter einen Briefumschlag: „Der ist für dich, weil du so fleißig warst!"
Aufgeregt öffnete Peter den Umschlag und fand darin nur einen Zettel auf dem stand: „Du bist Gottes Sohn, du brauchst keinen Lohn!"
Ein paar Tage später waren die Hühner plötzlich verschwunden. Im Stall hing ein Zettel, auf dem stand: „Du bist Gottes Diener, Du brauchst keine Hühner..."

....

Das Jahr 1950. Immer mehr Haushalte bekommen Telefon. Klein Astrid schiebt einen Stuhl an die Anrichte, klettert drauf, greift zum Hörer und wählt:
„Ist da der Gemüsemann?"
Er antwortet: „Ja."
„Meine Mutter kommt gleich. Sagen Sie ihr, Sie haben keinen Spinat mehr..."

....

Die lustigsten Kinderwitze der Welt | 37

Der Pfarrer fragt in der Sonntagsschule: „Was müsst ihr zuerst tun, damit euch eure Sünden vergeben werden?"
Klein Max antwortet brav: „Zuerst sündigen, Herr Pfarrer..."

Zwei Frauen treffen sich im Park, die eine schiebt einen Kinderwagen.
Sagt die Eine: „Das ist ja ein wunderschönes Baby! Ist es ein Junge oder ein Mädchen?"
Sagt die Andere „Hmm, ja. Ich möchte mein Kind anders erziehen – mit 18 darf es entscheiden, was es werden will..."

Nach dem Baden sitzen die Zwillinge Ralf und Rolf im Bett. Ralf lacht.
„Warum grinst Du so?" fragt die Mutter.
Ralf antwortet: „Ich freue mich, dass Du Rolf zweimal gewaschen hast..."

Eine Mutter sagte zu ihrem 8-jährigen Sohn: „Du, Peter, ich kenne da einen Jungen, der sieht nie seine eigenen Fehler ein, sondern sieht immer nur die der anderen." Peter überlegte kurz und sagte: „Ja, den kenn ich auch. Der Piet macht ständig etwas falsch. Ich hab ihm das schon hunderte Male gesagt..."

Peterchens große Schwester hat sich neue Winterstiefel gekauft. „Großartig", schwärmt sie, „Ich fühle mich wie in meiner eigenen Haut!"
„Kein Wunder," brummt der Kleine, „es ist ja auch Ziegenleder..."

2 Buben vor der Toilette: „Ich geh da nicht rein, in der Ecke sitzt ein Igel!"
„Das ist doch kein Igel, das ist die Klobürste!"

Die Mutter erklärt der kleinen Elisabeth, dass eine Krankheit immer die schwächsten Stellen des Körpers befällt. Daraufhin sagt Elisabeth: „Jetzt weiß ich, warum der Papi so oft Kopfschmerzen hat..."

Peterle schreibt einen Brief an den lieben Gott: „Bitte schick mir hundert Euro!"
Die Post weiß nicht was sie tun soll und schickt den Brief an Bundeskanzlerin Merkel. Die schickt Peterle den Brief mit 5 Euro drin, zurück.
Da schreibt Peterle erneut an Gott: „Danke, aber warum hast Du Ihn über Merkel geschickt? Die hat doch glatt 95% Steuern einbehalten!"

....

Ein Zauberer auf der Bühne ruft einen Jungen aus dem Publikum zu sich. Dort gibt er ihm freundlich die Hand und sagt: „Nicht wahr, mein Junge, du hast mich noch niemals gesehen?"
„Nein, Vati!"

....

Fragt der Sohn seinen Vater, der Malermeister ist: „Wann ist Mutter denn endlich fertig mit Schminken?"
Darauf der Vater: „Mit dem Unterputz ist sie schon fertig, sie macht gerade den ersten Anstrich."

....

„Mutti, warum droht der Mann da vorne der Dame auf der Bühne mit dem Stock?"
„Er droht nicht, er dirigiert."
„Und warum schreit sie dann so?"

....

Walter sieht zu, wie seine kleine Schwester aus einer Pfütze Wasser trinkt. „Das darfst du nicht tun. Davon kann man krank werden, weil in der Pfütze Bakterien sind!"
Darauf seine Schwester: „Die sind alle schon längst tot. Ich bin vorher mit dem Roller durchgefahren!"

....

Situation auf dem Markt:
„Sind das deutsche oder ausländische Birnen?" „Wollen Sie sie essen oder mit ihnen sprechen?"

....

„Geben Sie mir bitte ein Kilo Milch!", sagt Bastian zum Händler.
„Milch wird nicht gewogen, sondern gemessen!", sagt der Mann hinter dem Ladentisch zu ihm.
Darauf Bastian: „Schön, dann geben Sie mir eben einen Meter Milch!"

....

„Der Aufsatz über die Milch sollte doch eine ganze Seite lang werden. Warum ist denn deiner nur eine halbe Seite lang?"
„Ich habe über Milch aus dem Paket geschrieben!"

....

In der Kirche liegen ein paar Schlittschuhe. „Wem gehören die denn?", fragt der Dorfpfarrer den Messdiener. „Na wahrscheinlich den Eisheiligen!"

....

Verkäuferin Bärbel in der Bäckerei: „Ich kann ihnen diesen Pflaumenkuchen wärmstens empfehlen!"
Kunde Willi sagt: „Ich weiß nicht. Der sieht aus, als hätten Mäuse dran rumgenagt!"
Verkäuferin Bärbel: „Unmöglich! Unsere Katze hat die ganze Nacht drauf gelegen!"

....

Thorsten kommt nach Hause und sagt: „Wir hatten heute ein Fußballspiel und ich habe zwei Tore geschossen!"
Die Mutter fragt: „Und habt ihr gewonnen?"
Antwortet Tim: „Nein, 1 zu 1"

....

Ein Mitarbeiter der deutschen Telefongesellschaft erklärt einer alten Dame das neue Handy:
„Und wenn es brennt bei Ihnen, rufen sie 112."
„Wirklich verwunderlich, früher riefen wir einfach nur Feuer!"

....

Klein Berta steht mit geschlossenen Augen vor dem Spiegel.
„Was soll denn der Unsinn?", fragt die Mutter.
„Ich will mal sehen, wie ich aussehe, wenn ich schlafe!"

....

In der Nacht hat es tüchtig geschneit.
Klein Peterchen jubelt. Dann schaut er sich suchend um. „Wo sind denn die Schneemänner?"
Sein Bruder Theo weiß Bescheid:
„Die müssen doch erst noch geboren werden. Die stecken noch in den Schneewehen."

....

Ingo zu seinem Freund Moritz: „Mein kleiner Bruder wird Mittwoch getauft." Darauf Moritz: „Mittwoch? Was für ein Blöder Name!"

....

Alfons putzt sich lange und ausgiebig die Zähne. Schließlich meint die Mutter: „Ich finde das reicht jetzt aber!"
Darauf Alfons: „Ich putze sie mir solange, bis sie so golden sind wie die von Opa."

Theodor schaut staunend einem Mann zu, der sich mit einem Elektrorasierer rasiert. Nach einer Weile fragt er:
„Wenn ich groß bin, bekomme ich dann auch einen Staubsauger fürs Gesicht?"

Kommt ein Mann mit drei Haaren zum Friseur.
Der Friseur fragt ihn: „Wie hätten Sie es denn gerne?"
„Eins rechts, eins links und den Rest wild durcheinander!"

Frank sitzt vor der Waschmaschine und starrt in die Trommel. Kommt sein Bruder Paul dazu:
„Na, kommt schon das Länderspiel?"
„Nein, das kommt erst später, im Moment zeigen sie noch wie die Trikots der Spieler gewaschen werden!"

„Unser Hahn wird immer fauler!", erzählt Robbi seinem Freund Bobbi.
„Wieso denn das?", will dieser wissen.
Darauf Robbi: „Wenn der Hahn von unseren Nachbarn kräht, nickt unserer grade mal mit dem Kopf!"

Zwei Fallschirmspringer in freiem Fall.
Ruft der eine: „Der blöde Schirm geht nicht auf!"
Darauf der andere: „Ein Glück, dass es nur ein Übungsflug ist!"

An einem zugefrorenen Teich steht ein kleiner Junge mit Schlittschuhen in der Hand und zeigt laut heulend auf ein Loch im Eis: „Meine Mutter! Meine Mutter ist da reingefallen!"
Beherzt stürzt sich ein Mann ins eiskalte Wasser, taucht nach einiger Zeit wieder auf und schüttelt den Kopf.
„Meine Mutter! Meine Mutter", jammert der Junge.
Der Mann taucht noch einmal, noch länger, kommt mit letzter Kraft wieder hoch: „Ich kann deine Mutter nicht finden!"
„Mist!" Sagt der kleine Junge. „Dann kann ich die Schraube ja jetzt auch wegwerfen!"

Max und Peter trauen sich nicht nach Hause, weil es schon viel zu spät ist.
Sagt Max: „Wenn wir jetzt kommen, gibt's Ärger."
„Gut", sagt Peter, „dann warten wir, bis es dunkel ist. Dann freuen sie sich, dass sie uns überhaupt wiederhaben!"

....

Klein Harald ist mit seiner Mutter in der Apotheke. Da sieht der Junge eine Waage, stellt sich drauf und ruft: „Mami, komm schnell und schau mal was ich jetzt koste!"

....

Klaus ganz aufgeregt zu seinem Freund Kalle: „Stell dir mal vor, auf Hawaii ist schon wieder ein Vulkan ausgebrochen!" Antwortet Kalle beruhigend: „Keine Sorge, die fangen den bestimmt wieder ein!"

....

„Wieso stehst du so lange an der Rolltreppe?", will eine Frau von Berti wissen. „Ich habe unterwegs meinen Kaugummi verloren - darauf warte ich jetzt."

Die Mutter zu ihrem Sohn: „Du musst die Banane doch erst schälen, bevor du sie isst!" „Wozu? Ich weiß doch, was drin ist."

Beim Formel 1 Rennen:
Der Startschuss ertönt, Lewis Hamilton rast davon. Sebastian Vettel bleibt stehen. Der Starter verwirrt: „Warum fahren Sie denn nicht?" Vettel, ebenfalls verwirrt: „Warum haben Sie in meinen Reifen geschossen?"

Der kleine Felix reckt sich nach dem Klingelknopf und versucht draufzudrücken. Aber er kommt einfach nicht dran. Da kommt ein freundlicher Fußgänger, bleibt stehen und hilft ihm. „Danke!", schreit Felix. „Jetzt aber nichts wie weg!"

Rotkäppchen geht durch den Wald. Hinter einem Gebüsch sieht sie den bösen Wolf und fragt:
„Aber Wolf, warum hast du so große Augen?"
Darauf der Wolf: „Verdammt nochmal, nicht mal in Ruhe kacken kann man hier!"

....

Der kleine Anton kauft mit seiner Mutter ein. Da sagt er: „Mama ich muss dringend mal Pipi machen!"
„So was sagt man doch nicht so in der Öffentlichkeit. Sag lieber, ich muss mal Singen, dann weiß ich Bescheid."
Die Woche darauf ist Anton bei seiner Oma zu Besuch und darf in ihrem Bett schlafen. Plötzlich ruft er: „Du Oma, ich muss dringend mal Singen!" Oma schläft schon fast: „Nein Kind, wir wollen jetzt schlafen!"
Doch Anton drängelt: „Ich muss aber wirklich ganz dringend jetzt singen!" Darauf die Oma: „Na gut, dann sing mir halt leise ins Ohr!"

....

Ansgar steht mitten in der Nacht auf und fängt an sein Bettlaken zusammen zu falten. Die Mutter wird wach und fragt ihren Sohn was er denn da macht. Darauf dieser: „Ich spiele Nachtfalter!"

Lena, die Schwester von Laurenz und Moritz ist davongelaufen. Moritz zu Laurenz: „Komm, wir laufen ihr beide hinterher, zwei sind schneller!"

....

Der kleine Thorsten hat sich in einem großen Einkaufszentrum verlaufen. Mit Tränen in den Augen fragt er eine Verkäuferin: „Haben sie vielleicht eine Frau ohne Sohn gesehen, der so aussieht wie ich?"

....

Zwei Irre wollen aus dem Irrenhaus ausbrechen. Sagt der eine: „Wir treffen uns heute Nacht hier im Hof!"
„OK, aber wie wollen wir ausbrechen?" fragt der zweite Irre.
Darauf der erste: „Ich nehme eine Taschenlampe und leuchte hinauf zum Dach und du kletterst an dem Lichtstrahl der Taschenlampe nach oben!"
Darauf der andere: „Nein, so blöd bin ich nicht. Wenn ich fast oben bin schaltest du die Taschenlampe aus und ich falle herunter!"

....

Gretchen und Dörte fahren im Zug. Der Zug ist sehr voll.
Flüstert Gretchen zu Dörte: „Weißt du warum die Frau da im Gang so rot bemalte Zehen hat?" Darauf Dörte: „Ist doch klar, damit ihr keiner auf die Füße tritt!"

Treffen sich zwei Eskimos. Fragt der eine: „Wo ist eigentlich dein Iglu?" Sagt der andere: „Mist, ich habe den Ofen angelassen!"

Ein Schiff kommt an einer Insel vorbei. Ein Mann mit zerfetzter Kleidung und einem langen Bart, hüpft wie verrückt auf der Insel herum und winkt und schreit.
Der Kapitän lächelt: „Das ist wirklich sehr schön: Immer, wenn wir vorbeikommen, freut er sich so!"

„Hat dein Vater die neue Kühltruhe getestet?"
„Ja, hat er."
„Und ist er zufrieden?"
„Keine Ahnung. Er ist noch nicht wieder rausgekommen!"

Ein Skelett rast auf einem Snowboard die Piste herunter.
Zwei Einheimische werden Zeuge dieser unheimlichen Szene.
Flüstert der eine zum anderen: „Tot sein allein genügt dem wohl noch nicht!"

Ein Skelett sitzt in einem Café und liest in der Zeitung die Todesanzeigen. Kommt ein zweites hinzu und fragt: „Was liest du denn da?"
Antwortet das erste: „Och nichts Besonderes, nur die Klatschseiten!"

Ein Skelett setzt sich in ein Restaurant. Nach einer Weile kommt endlich der Ober und wird ganz blass: „Oh, Sie mussten wohl lange warten!"

Der Pfarrer wird in der Wildnis von einem Rudel Löwen überfallen.
Bevor er in Ohnmacht fällt betet er: „Lieber Gott mach, dass diese Löwen zu frommen Christen werden!"
Als er wieder aufwacht sitzen die Löwen mit gefalteten Händen um ihn und beten: „Lieber Gott, sei unser Gast und segne was du uns bescheret hast!"

Ein Indianer in voller Kriegsbemalung geht in eine Bar, auf seiner Schulter ein wunderschöner, großer, bunter Papagei. Er bestellt eine Cola. Der Barkeeper starrt den Indianer mit dem wunderschönen, großen, bunten Papagei lange an und gibt ihm die Cola. Dann fragt er: „Der ist ja wunderschön, woher haben Sie ihn denn?" Antwortet der Papagei: „Aus der Prärie. Da gibt es Tausende von denen!"

Drei Männer unterhalten sich: „Meine Frau hat das Doppelte Lottchen gelesen und Zwillinge bekommen!" Sagt der zweite: „Das ist gar nichts. Meine Frau hat die drei Musketiere gelesen und Drillinge bekommen. Darauf der dritte Mann entsetzt: „Oh Gott, meine Frau ist schwanger und liest gerade Ali Baba und die 40 Räuber!"

Streiten sich ein Maurer, ein Gärtner und ein Elektriker darüber, wer denn den ältesten Beruf hat. „Wir haben die Pyramiden gebaut!", sagt der Maurer.
„Und wir haben den Garten Eden gepflanzt!", sagt der Gärtner.
Jetzt will der Elektriker auch was sagen und meint: „Als Gott sagte, es werde Licht, da haben wir alle Leitungen gelegt und den Schalter eingebaut!"

„Kommt ein Cowboy vom Friseur. Ist sein Pony weg.".

„Ein Mann tritt auf einen Keks. Findest du das lustig? Nein Der Keks auch nicht."

Die lustigsten Kinderwitze der Welt

„Ich habe ein Brötchen angerufen, aber es war belegt".

„Als das Teleklingel phonte, treppe ich die rannte herunter und türte gegen die Knall."

Was ist grün und fliegt über die Wiese? Die Birne Maja!

Was ist grün, glücklich und hüpft über´s Gras? Eine Freuschrecke!

Was liegt am Strand und ist schlecht zu verstehen? Eine Nuschel.

2 Zahnstocher gehen im Wald spazieren. Plötzlich kommt ein Igel vorbei. Sagt ein Zahnstocher zum anderen: „Ich wusste gar nicht, dass hier ein Bus fährt".

Sagt die eine Unterhose zur anderen: Sag mal, warst du im Urlaub? Du bist so braun.
Wie nennt man einen Bären, der laut „KUGEL" schreit? Kugelschrei-bär!

...

Klein Robert zu seinem Vater: "Papa, wenn Du mir 10 Euro gibst, verrate ich dir, was der Postbote immer zu Mama sagt."
Der neugierige Vater gibt ihm das Geld und fordert Robert auf: "Na erzähl schon, was sagt er denn immer?" Darauf Fritzchen: "Guten Morgen, Frau Müller, hier ist Ihre Post!"

...

Papa liest Klein Berti abends eine Gutenachtgeschichte vor. Nach einer halben Stunde öffnet die Mutter die Tür und fragt: "Na, schläft er inzwischen?"
Darauf klein Fritzchen: "Ja, endlich!"

...

Woran erkennt man ein Motorrad eines Dummhausener's?
Antwort: An den Stützrädern!

Wie kann man einen Dummhausener montags zum Lachen bringen?
Antwort: Freitagabends einen Witz erzählen!

....

**Warum muss man Briefe an Dummhausener sehr langsam schreiben?
Antwort: Weil sie nicht so schnell lesen können!**

....

Zwei Dummhausener haben die Autoschlüssel zu ihrem Cabrio verloren. Der eine versucht mit einem Kleiderbügel das Türschloss zu öffnen. Sagt der andere: „Beeile dich mal, denn es regnet ziemlich stark und das Verdeck ist noch offen!"

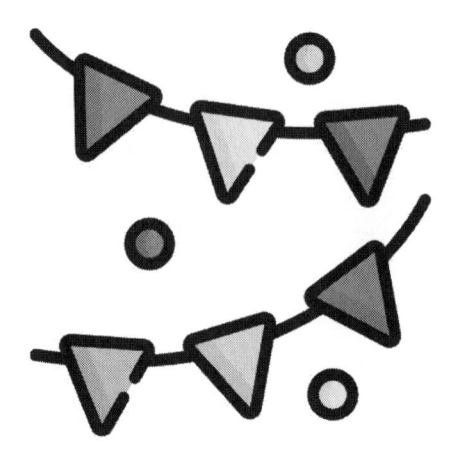

....

Warum legen Dummhausener bei Gewitter eine Banane aufs Dach?
Antwort: Damit der Blitz darauf ausrutscht!

**Warum hält sich
ein Dummhausener manchmal mit beiden Händen die Ohren zu?**
Antwort: Er versucht dann einen Gedanken zu behalten!

Schulwitze

In der Schule sind zwei Garderobenhaken angebracht worden. Darüber ein Schild: „Nur für Lehrer!" Am nächsten Tag klebt ein Zettel darunter: „Aber man kann auch Mäntel daran aufhängen!"

Fritz fragt den Lehrer: „Kann man eigentlich bestraft werden, wenn man nichts gemacht hat?" „Natürlich nicht!", entgegnet dieser. „Prima", meint Fritz, „ich hab nämlich meine Hausaufgaben nicht gemacht!"

„Martin, du hast dieselben 10 Fehler im Diktat wie dein Tischnachbar. Wie erklärt sich das wohl?"
Martin: „Ganz einfach. Wir haben dieselbe Lehrerin!"

„Wenn ich sage, „ich bin schön gewesen", dann spreche ich in der Vergangenheitsform. Wenn ich nun aber sage: „ich bin schön", was ist das?" Basti schreit in die Klasse: „Eine glatte Lüge, Frau Lehrerin."

Lehrer: „Aufwachen Peter! Ich glaube nicht, dass das Klassenzimmer der richtige Ort für ein Nickerchen ist.
Peter: „Geht schon. Sie müssen nur etwas leiser sprechen."

Wie unterscheiden sich die Schule und ein Irrenhaus? In der Telefonnummer

Lehrerin zur Klasse: „Jeder der denkt, er sei doof, steht bitte auf."
Fritzchen steht als einziger auf. Lehrerin: „Fritzchen, warum bist du aufgestanden, denkst du, du seist blöd?" Fritzchen: Nein, aber ich wollte Sie dort nicht alleine stehen lassen."

„Warum weint dein kleiner Bruder so fürchterlich?"

„Heute haben wir Osterferien. Er hat aber keine bekommen."

„Wieso denn nicht?"

„Er geht noch nicht zur Schule!"

....

In der Schule fragt die Lehrerin: „Was ist flüssiger als Wasser."

Daraufhin ein Schüler: „Hausaufgaben, die sind überflüssig".

....

Lehrerin zur Klasse: „Alle Wörter, die mit „un- anfangen, bedeuten etwas Schlechtes.

Zum Beispiel Ungeziefer, unaufmerksam, ungeduldig usw.

Nicolas, kennst du auch so ein schlechtes Wort?" Nicolas: „Unterricht."

....

Hoch lebe die Schule, am besten so hoch, dass man sie nicht mehr erreichen kann!

Klein Peter kommt zu spät zur Schule. Er rennt die Treppen hoch und da steht schon der Direktor mit bösem Blick und sagt: „8 Minuten zu spät"; daraufhin Peter: „Ich auch."

Martin hat in der Schule in Mathe eine Sechs bekommen. Der Vater ist so wütend darüber, weil er so lange mit Martin geübt hat, dass er beschließt in die Schule zu gehen, um das zu klären. Er trifft die Lehrerin und fragt: „Warum hat Martin eine Sechs bekommen?"

Die Lehrerin: „Das ist ganz einfach. Weil es keine Sieben gibt".

Student: „Wann kann ich Sie mal besuchen?"

Professor: „Wann immer Sie wollen, aber seien Sie pünktlich!"

Lehrer: „Welchen Nutzen hat die Sonne?"

Schüler: „Überhaupt keinen! Nachts scheint sie nicht, und am Tag ist es sowieso hell."

Lehrerin: „Also, du nimmst zwei Drittel Milch, ein Drittel Sahne und ein Drittel Kaffee..."

Schüler: „Aber das sind doch schon vier Drittel."

Lehrerin: „Und wenn schon, dann nimmst du eben einen größeren Topf."

....

Lehrerin: „Hast du denn keine Ohren? Wie oft muss ich dir denn noch sagen, dass du nicht ständig mit den Beinen zappeln sollst?"

Schüler: „Und wie, bitte, soll ich mit den Ohren zappeln?"

....

Lehrer: „Wenn ich vier Eier auf das Pult lege und du legst noch einmal vier Eier dazu, wie viele sind es dann?"

Schüler: „Tut mir leid, Herr Lehrer, aber ich kann keine Eier legen."

....

Lehrer: „Warum sind die Häuser in der Schweiz so häufig aus Holz?"

Schülerin: „Weil die Schweizer die Steine für ihre Berge brauchen."

....

Lehrer: „Thomas! Wie kommt es, dass dein Aufsatz über eure Katze identisch mit dem deines Bruders ist?"

Schüler: „Ganz einfach, Herr Lehrer, wir haben nur eine Katze zu Hause."

....

Schüler: „Mein großer Bruder arbeitet jetzt in einer Autofabrik."

Lehrer: „Arbeitet er am Band?"

Schüler: „Aber nein! Er darf frei rumlaufen."

....

Lehrerin: „Ich habe dich gestern Nachmittag mit deinem neuen Fahrrad gesehen. Wie geht es denn?"

Schülerin: „Es geht nicht, es fährt."

Lehrerin: „Na gut! Wie fährt es denn?"

Schülerin: „Es geht."

Lehrer: „Klaus, warum können Fische nicht sprechen?"

Schüler: „Klarer Fall, Herr Lehrer! Reden Sie doch mal, wenn Sie den Mund voller Wasser haben."

Lehrer: „Was ist ein Katalog?"

Schüler: „Die Vergangenheitsform von ‚Ein Kater lügt'."

Paula: „Ich will nicht in die Schule. Immer wenn die Lehrerin nicht mehr weiterweiß, fragt sie mich."

Lehrer: „Lukas! Wie viel ist 8 plus 4?"

Schüler: „12, Herr Lehrer."

Lehrer: „Gut. Wie bist du auf das Ergebnis gekommen?"

Schüler: „Das war nicht schwer: Ich habe 500 minus 488 gerechnet."

Hannah: „Ich bekomme ein Brüderchen."

Lehrerin: „Woher weißt du das denn so genau?"

Hannah: „Das ist doch ganz einfach. Das letzte Mal, als meine Mami ins Krankenhaus musste, habe ich ein Schwesterchen bekommen. Und diesmal musste mein Papi ins Krankenhaus."

....

Steffi: „Mutti! Heute haben wir in der Schule gelernt, wozu die Bienen gut sind."

Mutter: „Und, wozu sind sie da?"

Steffi: „Sie wischen den Staub von den Blumen!"

....

Lehrer: „Ich habe Sie beobachtet! Sie haben auf dem Nachhauseweg meinem Schäferhund die Zunge rausgestreckt."

Schüler: „Das streite ich nicht ab, aber Ihr Hund hat angefangen."

Lehrer: „Sabine, was ergibt sieben mal sieben?"

Schüler: „Ganz feinen Sand."

Lehrerin: „Warum lässt du denn die Luft aus den Fahrradreifen raus?"

Schüler: „Ist doch klar, der Sattel ist zu hoch."

Die Klasse soll einen Aufsatz schreiben, zum Thema „Faulheit".

Der kleine Peter gibt am nächsten Tag seinen Aufsatz ab. Es ist ein leeres Blatt Papier.

Die Lehrerin: „Peter, du hast ja gar nichts geschrieben."

Peter: „Doch, drehen Sie mal das Blatt um".

Die Lehrerin sieht dort einen einzigen Satz: „Das ist Faulheit"

Was steht beim Mathelehrer auf dem Grabstein? „Damit hat er nicht gerechnet..."

Lehrerin zum Schüler: „Wieso wirfst Du nach dem Jungen da hinten mit Steinen?"
Schüler: „Ich darf nicht näher ran gehen. Der hat Husten!

Der Lehrer fragt: „Wie viele Inseln gibt es in der Karibik und wie heißen sie?"
Der gefragte Schüler sagt: „Es gibt viele Inseln in der Karibik, und ich heiße Franz."

Im Biologieunterricht:
„Wenn ich mich auf den Kopf stelle", erklärt der Lehrer, „strömt mir immer mehr Blut hinein. Aber wenn ich mich auf die Füße stelle, passiert das nicht. Was meint ihr, warum ist das so?"
Monika sagt: „Weil ihre Füße nicht hohl sind."

Der Lehrer sagt: „Man soll versuchen einmal am Tag, einen Menschen glücklich zu machen! Hat einer von euch gestern jemanden glücklich gemacht?"
Ansgar meldet sich: „Ja, ich war gestern bei meiner Oma, und sie war sehr glücklich, als ich wieder ging!"

„Mutti, gestern hat der Lehrer den Hans nach Hause geschickt, weil er sich nicht gewaschen hat."
„Und, hat es etwas genützt?"
„Ja! Heute kam die halbe Klasse ungewaschen zur Schule..."

Wütend sagt der Lehrer zum Schüler: „Wenn ich Dein Vater wäre, würde ich Dich jetzt versohlen!"
„Falsch", grinst der Junge, „wenn Sie mein Vater wären, würden Sie jetzt Staub saugen..."

Die Lehrerin in der Schule hat ein System entwickelt, mit dem sie die Schüler dazu bringt, am Wochenende zu lernen. Freitag, in der letzten Stunde:
„Liebe Klasse. Wer mir am Montag eine von mir gestellte Frage beantworten kann, bekommt zwei Tage frei."
Die Kinder lernen das ganze Wochenende durch. Montag, in der ersten Stunde, die Lehrerin fragt: „Wie viele Bäume stehen im Schwarzwald?" Schweigen, niemand weiß es. Freitags darauf, in der letzten Stunde: „Liebe Schüler. Wer mir am Montag eine von mir gestellte Frage beantworten kann, bekommt zwei Tage frei."
Alle lernen, nur nicht der kleine Herbert. Der bastelt. Er nimmt zwei Eier aus dem Kühlschrank, klebt sie künstlerisch begabt zusammen, malt sie schwarz an, nimmt sie montags mit zur Schule und legt sie aufs Lehrerpult. Die Lehrerin betritt den Raum, ihr Blick fällt sofort auf das Lehrerpult: „Nanu? Wer ist denn der Künstler mit den zwei schwarzen Eiern?" Herbert springt auf und ruft die Antwort: „Herbert Meier! Tschüss bis Mittwoch!"

„Fritz, was machst du? Lernst du?" fragt der Lehrer.
„Nein, Herr Lehrer, ich höre Ihnen zu..."

Im Unterricht:
„Was geschieht mit Gold, wenn man es an der freien Luft liegen lässt?"
„Es wird gestohlen..."

Der Lehrer fragt: „Wer weiß ein Beispiel für Heuchelei, Kinder?"
Dörthe meldet sich: „Wenn einem der Arzt gute Besserung wünscht..."

Im Religionsunterricht: „Was taten die Israeliten, nachdem sie das Rote Meer durchquert hatten?"
„Sie trockneten sich ab."

Der Mathelehrer sagt: „Die Klasse ist so schlecht in Mathe, dass sicher 90% dieses Jahr durchfallen werden." Ein Schüler in der letzten Reihe: „Aber so viele sind wir doch gar nicht!"

Der Religionslehrer fragt: „Wo ist das Himmelreich, Kinder?"
„In Erlangen", antwortet einer.
„Wie kommst du denn darauf?"
„In der Bibel steht doch: Suchet das Reich Gottes zu erlangen..."

Klaus kommt zufrieden von der Schule nach Hause: „Wir haben heute Sprengstoff hergestellt!", sagt er.
„Und was macht ihr morgen in der Schule?"
„Welche Schule?"

Johannes geht über den Schulhof und fragt Tina: „Willst du mit mir gehen?"
Tina antwortet: „Fällt dir denn nichts Besseres ein"?
„Doch, aber die wollte nicht..."

Fragt der Lehrer seine Schüler: „Wer kann mir sagen, ob es „der Monitor", oder „das Monitor" heißt?"
Da antwortet Hansi: „Wenn Moni ein Tor schießt, dann heißt es DAS Moni-Tor."

Tom, Tim und Reginald kommen zu spät zum Unterricht, da fragt der Lehrer:
„Na, was lasst ihr euch heute für eine Ausrede einfallen?"
„Ich habe einer alten Oma über die Straße geholfen!", sagt Tom.

„Und du Tim?"
„Ich habe auch der Oma über die Straße geholfen!"
„Und du Reginald, lass mich raten, du hast der alten Oma auch über die Straße geholfen?"
„Ja, Herr Lehrer. Tom hat rechts angefasst, Tim links und ich habe von hinten geschoben!"

....

Daniela kommt von der Schule nach Haus und schwärmt von ihrer neuen Lehrerin: „Sie ist wirklich nett, sehr schön und besonders fromm!"
„Wieso fromm?", fragt der Vater erstaunt."
„Immer, wenn sie mich etwas fragt und ich ihr dann antworte, sagt sie: „oh, mein Gott!"
Lehrer: „Andreas, bilde einen Satz mit Pferd und Wagen!"
„Das Pferd zieht den Wagen."
„Gut, und nun die Befehlsform!"
Darauf Andreas: „Hü!"

„Aaron, welche Tiere können nicht hören?" –
„Die Tauben, Herr Lehrer."

Der neue Lehrer stellt sich vor: „Mein Name ist Lang."
Darauf Manuel: „Macht nichts, wir haben Zeit."

Der Lehrer zu Fritz: „Du denkst langsam, du schreibst langsam, du bewegst dich langsam. Kannst du denn auch irgendetwas schnell?"
Darauf Fritz: „Ja, ich werde sehr schnell müde!"

Lehrer: „Mit welcher Geschwindigkeit bewegt sich das Licht?"
Darauf antwortet Tim: „Ich weiß es nicht genau, aber morgens kommt es immer sehr schnell!"

„Warum schreibst du denn so schnell, Annika?" fragt die Lehrerin. „Ich muss mich beeilen, meine Tintenpatrone ist gleich leer!"

Herr Maier erklärt: „Ein Kreis ist immer rund. Auch an den Ecken!"

....

„Gerlinde, was ist die Zukunftsform von Ich klaue?", will der Deutschlehrer wissen.
Darauf Gerlinde: „Ich sitze im Gefängnis!"

....

Das Thema des Aufsatzes lautet: Unser Hund. Frank überlegt kurz und schreibt dann: „Wir haben keinen!"

....

Horst Gelfer, der Deutschlehrer:
„Kurt, nenn mir mal die verschiedenen Zeitformen von Ich esse!"
Sagt Kurt darauf: „Ich esse, ich aß, ich habe gegessen, ich bin satt!"

....

Die Klasse schreibt ein Diktat. „Kann ich mal deinen Füller haben?", flüstert Robert seine Tischnachbarin zu.
„Warum, du hast doch selbst einen."
Flüstert Dörte zurück: „Ja schon, aber meiner macht so viele Fehler!"

Es gibt Zeugnisse. Klein Bert hat in allen Fächern eine 5, nur in Musik eine 2. Da sagt der Vater fassungslos: „Das du bei so vielen fünfen noch singen kannst!"

Biologieunterricht. Robin fragt seinen gestressten Lehrer: „Wollten Sie uns nicht etwas über das menschliche Gehirn erzählen?"
Sagt der Lehrer: „Jetzt nicht Robin, ich habe wichtigere Dinge im Kopf!"

Frau Annegret will von Berti wissen: „Weißt du, zu welcher Familie der Wal gehört?"
Darauf Berti: „Nein, ich kenne keine Familie, die einen Wal hat!"

Herr Reusch steht verzweifelt vor der Klasse: „Zwei Hälften sind immer gleich groß. Jetzt begreift das doch endlich. Aber es hat ja doch alles keinen Sinn. Ich sehe schon, die größere Hälfte von euch versteht es ja doch nicht!"

„Franz, wenn du 100 Euro hast und die Hälfte deiner Schwester gibst, was hast du dann?", will der Lehrer wissen.
Darauf Franz: „Einen Vogel, Herr Lehrer!"

Klein Astrid fragt ihren Lehrer: „Wachsen sie eigentlich noch?"
„Wie kommst du denn darauf?", will der Lehrer wissen.
Darauf Astrid: „Ihr Kopf kommt schon aus den Haaren raus!"

Am Freitag in der Schule:
Der Lehrer schimpft mit Klaus: „Das ist jetzt das fünfte Mal in dieser Woche, dass du zu spät kommst. Was hast du dazu zu sagen?"
Darauf Klaus: „Es wird diese Woche bestimmt nicht mehr vorkommen."

Herr Maier erklärt: „Ein Maulwurf frisst täglich so viel, wie er wiegt!"
Da fragt Marvin: „Und woher weiß der Maulwurf, wie viel er wiegt?"

Lehrer: „Wie heißen Deine Eltern?"
Schüler: „Schatzi Pupsi und Dickerchen!"

Lehrer: „Auf welcher Seite des Menschen befindet sich das Herz, Karsten?"
Karsten: „Auf der Innenseite!"

Die Lehrerin: „Ich komme nicht, du kommst nicht, er kommt nicht. Was bedeutet das?"
„Dass überhaupt niemand kommt!"

Die Klasse macht einen Ausflug ins Museum. Sie schauen sich ein Skelett an. Da sagt Klein Mariechen: „Guck mal, hier steht eine Nummer. Was bedeutet 166253
Darauf erklärt ihr Roland: „Das ist die Nummer des Autos, das den Mann überfahren hat!"
Lehrer: „In Deutschland hat man Skelette von Dinosauriern gefunden. Daraus kann man schließen, dass es sie auch bei uns gegeben hat." Schüler: „Und wie sind die über die Grenze gekommen?"

Die lustigsten Kinderwitze der Welt

Die Mutter fragt die kleine Eva: „Worüber habt ihr denn heute im Religions-Unterricht gesprochen?" Darauf Eva: „Über Adam und mich!"

Susi fragt den Religionslehrer: „Immer sind nur die Mutter Gottes und das Jesuskind auf den Bildern. Nie ist Josef zu sehen. Wieso?" Bevor der Lehrer antworten kann meldet sich Alexander zu Wort: „Ist doch klar. Josef knipst doch die Fotos!"

Der Lehrer fragt: „Welche sind die 4 häufigsten Wörter in der Schule?"
Da keiner sich meldet fragt der Lehrer Paul. Der antwortet: „Das weiß ich nicht!"
„Richtig!", sagt der Lehrer.

Familienwitze

Mutter: „Petra, möchtest du lieber ein Brüderchen oder ein Schwesterchen?"

Petra: „Och, wenn es nicht zu schwer für dich ist, Mutti, möchte ich am liebsten ein Pony."

....

Ein Opa geht mit seinem Enkel in der freien Natur spazieren und sagt: „Nun sieh dir doch nur diese schöne Natur an, die grünen Bäume und die saftigen Wiesen."

Er knickt einen Grashalm ab und kaut auf ihm herum.

Fragt der Enkel: „Opa bekommen wir jetzt ein neues Auto?" „Wie kommst du denn jetzt auf die Idee?"

„Na, weil Papa gesagt hat, wenn Opa ins Gras beißt, bekommen wir ein neues Auto."

....

Tochter: „Mama, wie lang bist Du schon mit Papa verheiratet?"

Mutter: „Ich bin schon 10 Jahre mit deinem Papa verheiratet!"
Tochter: „Und wie lange musst Du noch?"

....

„Kind, hast du nicht Lust, mit dem Elektroelephanten zu spielen?"

„Mama, ich bin schon 13. Kannst du mir bitte ganz normal sagen, dass ich Staubsaugen soll."

....

Klein Paulchen kommt weinend angelaufen.

Mama fragt: „Warum weinst du so fürchterlich."

Paulchen: „Papa, hat sich mit dem Hammer auf den Daumen gehauen".

Mama: „Deshalb musst du doch nicht so schrecklich weinen".

Paulchen: „Zuerst habe ich ja auch noch gelacht."

Vater zur Tochter: „Martina, dein Kindergeburtstag war so schön, sing uns doch noch was vor."

Tochter: „Aber die Gäste wollen doch schon gehen."

Vater: „Ja, aber leider noch nicht schnell genug!"

Thorben ist zu Besuch bei seinem Opa. Plötzlich zerbricht er eine Vase. Opa: „Weißt du eigentlich wie alt die war? Die stammt aus dem 16. Jahrhundert."

Darauf Thorben: „Oh, da bin ich aber beruhigt. Ich dachte, die wäre neu."

Papa: „Fritzchen, warum weint deine kleine Schwester?"

Fritzchen: „Weil ich ihr geholfen habe!"

Papa: Aber das ist doch gut. Wobei hast du ihr denn geholfen?

Fritzchen: „Beim Gummibärchen-Essen!"

Oma ist zu Besuch und schüttelt missbilligend bei Tisch den Kopf und tadelt ihre Enkelin: „Aber Julia, wie kann man nur mit vollem Mund reden?"

Antwortet Julia: „Alles Übung, Oma."

„Vati, was ist ein Vakuum?" — „Ach, ich hab's im Kopf aber ich komm im Augenblick nicht drauf."

Der fünfjährige Sohn der Neumeiers hat immer noch kein Wort gesprochen und seine Eltern machen sich allmählich Sorgen.

Eines Tages brüllt der Junge am Mittagstisch: „Verdammt, wo ist das Salz?"

Die Eltern außer sich vor Freude: „Warum kannst du denn auf einmal sprechen?"

Sohn: „Bis jetzt war doch alles in Ordnung!"

Das Telefon klingelt.
Lisa: „Papi, es ist Julias Vater. Er lässt fragen, wann du mit meinen Hausaufgaben fertig bist. Er möchte sie dann abschreiben."

....

Max sitzt am Frühstückstisch und will die Marmelade haben.

Seine Mutter fragt: „Wie heißt das Zauberwort mit zwei „t"?

Max: „Flott?"

....

Peter: „Mami, ist der stille Ozean wirklich ganz still?"

Mutter: „Peter, kannst du nicht mal was vernünftiges fragen?"

Peter: „Hm, wann ist das Tote Meer gestorben?"

....

Fritzchen fragt seine Mutter, ob sie rechnen kann. Die Mutter: „Ja"

Fritzchen tritt ihr dann ans Bein und sagt: „So, damit hast du nicht gerechnet."

....

Der kleine Jan fragt seinen Vater aus: „Papa, wo liegt England?"

„Weiß nicht."

„Papa, woraus bestehen Schneeflocken?"

„Weiß nicht."

„Papa, warum müssen Kinder in die Schule?"

„Keine Ahnung."

„Papa, stört es dich, wenn ich immer frage?"
„Nein, frag nur, sonst lernst du ja nie was."

....

Tante Barbara ist zu Besuch. Plötzlich fängt Marie an, an Tante Barbaras neuem Kleid zu lecken. Entsetzt starren alle sie an.

Marie erklärt: „Du hattest recht, Mama, das Kleid ist wirklich total geschmacklos."

....

„Papa, ich muss mal unter drei Augen mit dir reden!"

„Du meinst wohl, unter vier, mein Sohn?"

„Nee, eins musst du zudrücken."

....

Bastian verliert gleich zwei Milchzähne nebeneinander. Entsetzt rennt er zu seiner Mutter und schreit: „Hilfe, Mama, ich kriege eine Glatze im Mund!"

....

Maras Oma hat fünf Enkel namens Lala, Lolo, Lulu und Lele. Wie heißt der fünfte? Natürlich Mara!

....

Vater zu seinem Sohn: „Seit Du auf der Welt bist hast Du mir noch keine einzige Freude bereitet.
„Sohn: „Und vorher, was?"

Klein Holger hat Streit mit dem Vater. Seufzend meint er zur Mutter: „Was könnten wir doch für ein schönes Leben haben, wenn wir den Papi nicht kennengelernt hätten..."

„Papa, ich habe zwei Fragen. Erstens, kann ich mehr Taschengeld haben und zweitens, warum nicht?"

Die kleine Anita ging mit drei großen Eiskugeln im Hörnchen in der Hand den Strand entlang. Gerade als sie bei den Eltern ankam, rutscht ihr eines aus der Hand und fiel in den Sand. „Wie schade," sagte sie traurig, „jetzt habe ich Dein Eis fallen lassen, Vati!"

Frau Schmidt schimpft mit ihrer Tochter: „Das ist also die Jugend von heute, mit 16 jeden Abend mit einem anderen in die Disco, aber Mutters 30. Geburtstag vergessen..."

Mutter Annegret schimpft: „Wenn du dich weiterhin so benimmst, geben wir dich in ein Internat, damit du gute Manieren lernst."
Da sagt Sohn Paulchen: „Kann ich die denn nicht zu Hause lernen?"

....

Der kleine Paulchen aus Berlin rennt weinend in die Küche zur Mutter:
„Mama, der Papa hat mir jeschlaagen!"
Verbessert ihn die Mutter: „Mich!"
Wundert sich der Junge: „Wat denn, dir auch?

....

Der kleine Horst zur Tante: „Ich soll mich noch recht herzlich für das Geburtstagsgeschenk bedanken!"
Die Tante sagt: „Aber Junge, das war doch kaum der Rede wert!"
„Das hat Mami auch gesagt!"

....

Zwei Freundinnen sitzen zu einem Kaffee zusammen:
Antonia sagt: „Stell dir vor, mein kleiner Sohn Anton sitzt bereits obwohl er erst 6 Monate alt ist!"
Daraufhin Freundin Sandra: „Nein, die heutige Jugend, was hat er denn angestellt?"

....

Mutter: „Wenn Du immer so unartig bist, Johannes, wirst Du mal Kinder bekommen, die auch so unartig sind."
Johannes: „Ah, Mutti, jetzt hast Du Dich aber verraten...

....

„Meine Eltern sind komisch", beschwert sich Anni bei ihrer Freundin. „Erst haben sie mir mit viel Mühe das Reden beigebracht und jetzt, wo ich es endlich kann, verbieten sie mir dauernd den Mund!"

„Mami, wo warst du eigentlich als ich geboren wurde?"
„Im Krankenhaus natürlich."
„Und Papi?"
„Der war auf der Arbeit!"
„Na das ist ja großartig! Also war überhaupt keiner da als ich ankam!"

Die Mutter fragt Herbert: „Warum hast du denn deinen Teddy ins Eisfach gelegt?"
„Weil ich gerne einen Eisbären hätte!"

Dennis und Otto überlegen, woher wohl die Babys kommen.
Sagt Otto: „Der Lehrer hat gesagt es ist wie bei den Pflanzen. Da kommt ein Wind und weht die Samenkörner von Blüte zu Blüte.
Meint Dennis: „So ein Quatsch. Im Schlafzimmer meiner Eltern weht überhaupt kein Wind!"

„Das ist wie verhext. Jetzt habe ich im Lotto schon wieder keine Zahl richtig!", ärgert sich der Großvater. „Mach dir nichts draus", tröstet Sabinchen, „mir geht's bei der Mathe Arbeit genauso!"

Doktorwitze

Meier: „Herr Doktor, gestern haben Sie mir doch das Stärkungsmittel verschrieben."

Doktor: „Ja, was ist damit?"

Meier: „Ich bekomme die Flasche nicht auf!"

....

Doktor: „Ihnen geht's ziemlich schlecht. Sie haben Wasser in den Beinen, Kalk in den Adern und Steine in den Nieren!"

Müller: „Toll, wenn Sie mir jetzt noch sagen, dass ich Sand im Kopf habe, fange ich an zu bauen!"

....

Ein Mann fragt seine Frau, die gerade beim Arzt war: „Was hat der Doktor gesagt?"

Frau: „Dreißig Euro!"

Mann: „Nein, was hattest du?"

Frau: „Zwanzig Euro!"

Mann: „Nein, was hat dir gefehlt?"

Frau: „Zehn Euro!"

....

Doktor: „Mit Hilfe dieser Medizin können Sie endlich die ganze Nacht durchschlafen!"

Patient: „Das ist ja toll, und wie oft muss ich sie nehmen?"

Doktor: „Alle zwei Stunden!"

....

Im Wartezimmer sitzt eine Dame mit einem Papagei auf dem Schoß.
Arzthelferin: „Sie sind hier nicht beim Tierarzt, sondern beim Psychiater!"

Dame: „Weiß ich, weiß ich! Ich komme ja auch wegen meines Mannes! Er bildet sich ein, ein Papagei zu sein."

....

Doktor: „Ihr Puls ist in Ordnung, aber Ihre Zunge ist belegt. Haben Sie denn Appetit?"

Patient: „Das kommt darauf an, mal ja, mal nein."

Doktor: „Und wann nicht?"

Patient: „Eigentlich immer nach den Mahlzeiten!"

....

Patient: „Herr Doktor, sie müssen mir helfen! Ich bilde mir ein, ein Biskuit zu sein!"

Doktor: „So ein kleiner viereckiger mit Löchern drin?"

Patient: „Ja, genau."

Doktor: „Keine Bange, sie sind kein Biskuit, sondern nur ein etwas älterer Zwieback!"

....

Meier beim Psychiater: „Meine Frau schickt mich, da ich so gerne Pfannkuchen mag."

Psychiater: „Aber, das ist doch ganz normal. Ich mag auch gerne Pfannkuchen."

Knallmeier: „Oh fein! Wollen wir tauschen? Ich hab ein ganzes Album voll!"

....

Arzt: „Sie müssen unbedingt abnehmen! Nehmen Sie auf keinen Fall mehr als tausend Kalorien pro Tag zu sich!"

Frau Mümmel: „Vor oder nach den Mahlzeiten?"

Ein Keks sitzt beim Arzt. "Sagen Sie mir die Wahrheit, Herr Doktor. Wie schlimm ist es?"

„Nun ja, Sie haben sich leider ein paar Krümel gebrochen."

....

„Herr Doktor, es ist schrecklich. Immer wenn ich Tee trinke, spüre ich so komische Stiche im rechten Auge! Was soll ich nur tun?"

„Frau Werner, nehmen Sie doch einfach den Löffel aus der Tasse!"

....

„Frau Doktor, ich habe mein Gedächtnis verloren!"

„Interessant. Wann war das?"

„Wann war was?"

....

„Schmerzt dein Zahn noch?", fragt die Mutter Paul, als der vom Zahnarzt kommt.

„Keine Ahnung", sagt Paul. „Der Zahnarzt hat ihn behalten."

Kommt ein Mann zum Psychologen und sagt: „Meine Frau hat mich zu ihnen geschickt, weil ich am liebsten Baumwollsocken mag!"
Sagt der Psychologe: „Aber das ist doch kein Grund sie zu mir zu schicken. Ich mag auch am liebsten Baumwollsocken!" Darauf der Mann: „Ist das wahr, auch mit Essig und einem Spritzer Zitrone?"

....

Kommt ein Mann zum Arzt: „Herr Doktor, meine Familie sagt ich bin verrückt!"
Fragt der Arzt: „Aber warum denn das?"
Darauf der Mann: „Ich mag Würstchen so gerne!"
Antwortet der Arzt: „Aber ich mag auch Würstchen und bin deshalb noch lange nicht verrückt!"
Freut sich der Mann: „Wirklich? Dann müssen sie mal bei mir vorbeikommen. Ich habe Hunderte davon!"

....

Der Patient zum Arzt: „Herr Doktor, alle behaupten ich lüge."
Darauf der Arzt: „Das glaube ich Ihnen nicht!"

....

Geht ein Mann zum Psychiater und klagt:
„Ich kann in die Zukunft schauen!"
Fragt der Psychiater: „Wie lange denn schon?" Antwortet der Mann: „Seit nächster Woche!"

Sagt der Arzt zum übergewichtigen Patienten: „Sie müssen unbedingt eine Diät machen. Aber ich kann Sie beruhigen. Es gibt da eine ganz neue Methode, bei der Sie alles essen können was Sie wollen."
Dem Patienten fallen vor Staunen fast die Augen aus dem Kopf. Fährt der Arzt fort: „Sie dürfen es nur nicht runterschlucken!"

Ein Mann ist mit seiner Frau beim Arzt und sagt: „Ich habe da immer so ein Piepen im Ohr, was kann das nur sein?"
Antwortet der Arzt: „Das haben viele. Aber da gibt es eine neue Behandlung, die aber nicht sehr angenehm ist."
Sagt der Mann: „Egal, das halte ich schon aus!"
Arzt: „Na gut. Ich setze Ihnen jetzt einen Wurm ins Ohr!" Gesagt, getan.
Der Wurm kriecht in ein Ohr rein und kommt aus dem anderen wieder herausgekrochen.

Da sagt der Mann: „Erstaunlich. Das Piepen ist weg.
Könnten Sie das auch bei meiner Frau versuchen?"
„Aber sicher doch!" Der Arzt setzt auch ihr den Wurm ins Ohr und wartet. Doch der Wurm kommt nicht wieder heraus. Nach fünf Minuten fragt der Mann etwas ungeduldig: „Warum dauert das bei meiner Frau so lange?" Darauf fragt der Arzt etwas ratlos: „Kann es sein, dass ihre Frau einen Vogel hat?"

....

Robby: „Der Arzt hat mir geraten das Fußballspielen aufzugeben!"
„Aber wieso?", fragt Thorben, „Bist du etwa krank?"
„Nein, er hat mich beim Spielen gesehen!"

....

Patient: „Herr Doktor, Herr Doktor, ich hab jeden Morgen um 7 Uhr Stuhlgang!"
Doktor: „Das ist doch sehr gut!"
Patient: „Aber ich steh doch erst um halb acht auf!"

„Herr Doktor, was fehlt mir denn?"
„Ihnen fehlt nichts. Sie haben einfach alles!"

Bärbel zum Arzt: „Sie haben mir doch gesagt, ich soll mit den Hühnern schlafen gehen."
Sagt der Arzt: „Stimmt."
Darauf Bärbel: „Aber ich falle immer von der Stange!"

„Herr Doktor, ich habe grade meine Mundharmonika verschluckt!"
„Na haben Sie ein Glück, das Sie nicht Klavier gespielt haben!"

Kommt ein Mann zum Psychiater und schnippst immer mit den Fingern. Der Psychiater schaut sich das eine Weile an, bis er schließlich fragt:
„Sagen Sie mal, was machen Sie da eigentlich?"
Der Patient: „Das Geräusch vertreibt die vielen Krokodile."
Der Arzt: „Aber hier sind doch gar keine Krokodile."
Patient: „Na da sehen Sie mal wie's hilft!"

Arzt: „Guten Tag, wie kann ich ihnen helfen?"
Mann: „Ich halte mich für eine Motte!"
Arzt: „Tut mir leid, da bin ich der Falsche. Ich bin Hals Nasen Ohren Arzt, sie brauchen doch eher einen Psychiater!"
Mann: „Ja ich weiß, aber bei ihnen brannte noch Licht!"

....

Am Telefon: „Herr Doktor, ich bin von einer Biene gestochen worden!"
„Haben Sie eine Salbe darauf getan?"
„Nein, sie flog gleich davon!"

....

Der kleine Max ist beim Zahnarzt. Nach einer kurzen Untersuchung meint dieser: „Zähne und Zahnfleisch sind in Ordnung. Aber dein Kaugummi müsste langsam mal erneuert werden!"

....

Sagt der Patient zum Arzt: „Ich sehe alles doppelt!"
Antwortet der Arzt: „Drücken sie doch einfach ein Auge zu!"

Der kleine Sebastian ist gestürzt und jetzt beim Arzt. Er schreit: „Herr Doktor, ich habe mir das Genick gebrochen!"
Darauf der Doktor: „Keine Angst mein Junge, Kopf hoch!"

„Herr Doktor, kann ich eigentlich mit meinem Durchfall baden?"
„Aber klar doch. Wenn sie die Wanne voll bekommen!"

Arzt zur Krankenschwester: „Wo liegt der Herr, der von der Walze überfahren wurde?"
Antwortet die Krankenschwester: „Zimmer 7 bis 24."

Kommt ein Mann zum Arzt. Der Arzt fragt ihn: „So guter Mann, was haben Sie?"
Der Mann gibt zur Antwort: „Ein Wohnzimmer und ein Schlafzimmer!"
Der Arzt: „Aber nicht doch. Ich hätte gerne gewusst, was Ihnen fehlt?"
Der Mann: „Na ja, eine Küche und ein WC!"

Stürzt ein Mann zum Psychiater rein: „Herr Doktor, überall Schmetterlinge, lauter Schmetterlinge!", wedelt er mit den Armen. „Doch nicht alle zu mir rüber!", wedelt der Doktor zurück.

....

„Hat man über dein Auge gleich kühle Umschläge gemacht?", fragt der Sportarzt den gestürzten Inline-Skater. „Nein, nur dumme Witze!"

....

Ein Mann ruft beim Arzt an: „Doktor, meine Frau hat eine lebende Maus geschluckt, was sollen wir tun?"
„Ich komme sofort. In der Zwischenzeit soll Ihre Frau den Mund weit offenlassen und Sie halten ihr ein Stück Käse davor!" Als der Arzt ankommt sieht er die Frau mit offenem Mund und den Mann, der ihr eine Sardine davorhält. „Was soll das. Ich sagte doch ein Stück Käse, nicht eine Sardine!"
„Ich habe das schon richtig verstanden, aber jetzt versuchen wir gerade, die Katze wieder raus zu locken!"

....

Die lustigsten Kinderwitze der Welt | 101

Beim Psychiater: „Herr Doktor, was soll ich tun? Unser Sohn hält sich für den bösen Wolf!"
„Tja, dann sollten sie unbedingt verhindern, dass die Großmutter ihres Sohnes krank wird."

Kommt ein Mann zum Arzt: „Herr Doktor, mir hat ein Hai den Arm abgebissen!"
Darauf der Arzt: „Jaja, das machen die!"

Da geht eine Frau zum Doktor und sagt: „Oh Doktor, wenn ich hier auf mein Bein drücke tut es weh. Wenn ich auf meiner Schulter drücke tut es auch weh und wenn ich auf meiner Stirn drücke tut es ebenfalls weh. Was ist das nur?"
Der Doktor sagt: „Klarer Fall, ihr Finger ist gebrochen!"

„Sie haben eine sehr seltene, sehr ansteckende Krankheit. Wir müssen Sie leider auf die Isolierstation verlegen. Dort bekommen Sie nur Kartoffelpulver und Spiegeleier zu essen."

„Werde ich davon denn wieder gesund?"
„Nein, aber das ist das einzige, was sich unter der Tür durchschieben lässt."

....

Der Zahnarzt zum kleinen Laurenz: „Jetzt sag mal schön 'A' damit ich meinen Finger wiederbekomme!"

....

„Herr Doktor, ich habe da so ein Flimmern vor den Augen."
„Ach, schauen Sie doch einfach nicht hin!"

Tierwitze

Ein Geistlicher will sich im Wilden Westen ein Pferd kaufen. Händler: „Kaufen Sie diesen Rappen. Er rennt bei „Gott sei Dank" los und bleibt bei „Amen" stehen." Der Geistliche kauft das fromme Tier und reitet los. Nach einiger Zeit galoppiert das Pferd auf eine Schlucht zu. Der Geistliche betet verzweifelt ein Vaterunser und bei dem Amen bleibt das Pferd kurz vor der Schlucht stehen. Geistlicher: „Gott sei Dank!"

Ein Mann kauft einen Schäferhund. Neuer Besitzer: „Mag der Hund auch kleine Kinder?" Alter Besitzer: „Ja, aber es ist billiger, wenn Sie ihm Hundekuchen kaufen."

Eine Katze und eine Maus kommen in eine Bäckerei. Maus: „Ich möchte gerne ein Stück Pflaumenkuchen mit Sahne." „Und sie?" fragt die Verkäuferin die Katze. „Ich möchte nur einen Klacks Sahne auf die Maus."

Eine Fliege saust haarscharf an einem Spinnennetz vorbei. Spinne: „Na, warte ab, morgen erwische ich dich." Fliege: „Ätsch, ich bin eine Eintagsfliege."

....

Treffen sich zwei Mäuse und plaudern. Auf einmal fliegt eine Fledermaus vorbei. Da sagt die eine Maus zur andern: „Wenn ich groß bin, werde ich auch Pilot!"

....

Eine Känguru-Mutter kratzt sich gerne und lange. Daraufhin sagt sie zu ihrem Baby: „Wie oft habe ich dir schon gesagt, dass du den Zwieback nicht im Bett essen sollst!"

....

Ein dünnes und ein dickes Pferd treffen sich. Sagt das Dicke: „Wenn man dich anguckt, könnte man meinen, eine Hungersnot ist ausgebrochen!" Darauf das Dünne: „Und wenn man dich anschaut, könnte man meinen, du bist schuld daran!"

....

Kommt ein Frosch in den Laden. Fragt der Verkäufer: „Was darf`s denn sein?»"
Frosch: „Quark."

....

Im Zoo trifft ein Elefant auf zwei Ameisen. Fragen die Ameisen:

„Wollen wir kämpfen?"

Sagt der Elefant: „Zwei gegen einen ist unfair."

....

„Papi, warum haben Giraffen eigentlich so lange Hälse?"

„Weil sie den Gestank ihrer eigenen Fürze nicht ertragen können!"

....

Zwei Kakerlaken gehen umher. Sie sind auf der Suche nach etwas Schmackhaften. Plötzlich findet die eine Kakerlake einen braunen klebrigen Klumpen und probiert ihn. Sie sagt: „Hey, das schmeckt ja wie Scheiße." Sagt die andere, nachdem sie auch mal probiert hat: „Wow, lecker! Es ist wirklich Scheiße"

Ein Junge grüßt einen Bauern, der seine Kuh melkt. Einen Tag später, sieht der Junge den Bauern besorgt umher rennen. Der Bauer fragt, ob jemand seine Kuh gesehen hat. Sie sei weggelaufen. Daraufhin sagt der Junge: „Keine Sorge lieber Bauer. Die Kuh kann ja nicht weit gekommen sein. Du hast ihr ja gestern den ganzen Tank leergepumpt."

Treffen sich zwei Kühe. Sagt die eine: „Muh."

Sagt die andere: „Wollte ich auch grad sagen."

Warum schwimmen Delphine in Salzwasser? Weil sie in Pfefferwasser dauernd niesen würden.

Was sagt der hungrige Löwe, wenn er einen Ritter in einer Rüstung sieht? „Oh nein, nicht schon wieder. Immer dieses Dosenfutter."

Zwei Eisbären treffen sich in der Wüste. Eisbär zum anderen: „Mann, hier muss es wohl immer richtig schneien. Alles gestreut!"

Ein Mann läuft mit einem Pinguin auf dem Arm durch die Stadt. Passant: „Wo haben Sie den denn her?"

Mann: „Ist mir so zugelaufen! Was meinen Sie soll ich mit ihm machen?"

Passant: „Gehen Sie doch mit ihm in den Zoo!"

Nach ein paar Stunden treffen sich die drei wieder. Passant: „Aber ich sagte ihnen doch, gehen Sie mit ihm in den Zoo!"
Mann: „Waren wir ja, jetzt gehen wir ins Kino."

....

„Hast du schon einmal gesehen, wie ein Kälbchen geboren wird?", fragt der Bauer den kleinen Fritz.

„Nein, wie denn?"

„Zuerst kommen die Vorderbeine, dann der Kopf, dann die Schultern und der Körper und zum Schluss die Hinterbeine."

„Toll, und wer bastelt das dann alles wieder zusammen?"
....

Kommt ein Pferd in den Blumenladen und fragt: „Ham-se-Ma-geritten?"

...

Der kleine Holzwurm bittet: „Mama, bitte kein Teakholz, das ist so hart!"

Mutter: „Iss, Kind, das ist gut für die Zähne."

...

Ein Mann und ein Hund spielen im Park Schach.

Passant: „Sie haben aber einen klugen Hund!"

Mann: Wieso, er verliert doch dauernd."

...

Klaus hat in der Straßenbahn seinen Hund dabei. Der Schaffner verlangt für das Tier den vollen Fahrpreis.

Klaus: „Dann kann mein Hund aber auch einen Sitzplatz haben!"

Schaffner: „Na klar! Aber die Füße darf er nicht auf den Sitz legen."

...

Die lustigsten Kinderwitze der Welt

Ein Kamel und eine Kuh wollen sich selbstständig machen. Kamel: „Ich dachte mir, wir machen eine Milchbar auf."

Kuh: „Und wie stellst du dir das vor?"

Kamel: „Du sorgst für die Milch und ich für die Hocker!"

....

Treffen sich zwei Frösche. Sagt der eine: „Mensch, du siehst aber traurig aus."

Meint der andere: „Zu meiner Frau ist ja auch der Storch gekommen!"

....

Ein Nashorn trinkt in einer Bar einen Cocktail, bezahlt und will gehen.

Barkeeper: „Also, ein Nashorn war ja noch nie hier in der Bar."

Nashorn: „Bei diesen unverschämten Preisen war das auch das letzte Mal!"

Eine Kuh trifft einen Polizisten: „Stellen Sie sich vor, mein Mann ist auch Bulle."

....

Stehen zwei Kühe auf der Weide.

Fragt die eine: „Warum schüttelst du dich so?"

Sagt die andere: „Morgen habe ich Geburtstag und schlage jetzt schon mal die Sahne."

....

Stehen zwei Kühe auf der Weide: Fragt die eine: „Warum sagst du die ganze Zeit Brrr! Brrr! "

Sagt die andere: „Gleich kommt der Melker und der hat immer so kalte Hände."

....

Eine Ameise und ein Elefant gehen im großen Fluss schwimmen.

Der Elefant springt als Erster ins Wasser.

„Komm zurück!" ruft die Ameise.

„Was ist denn los?"

„Ich glaube, du hast meine Badehose an"
„Schau mal, da kommt ein Pferd an die Bar und bestellt eine Cola – ist das nicht merkwürdig?"

„Ja wirklich, sonst trinkt es immer Fanta.

....

Schauen sich zwei Pferde ein Pferderennen an. „He, warum laufen die denn alle so schnell?"

„Das schnellste bekommt einen Preis."

„Okay, aber warum laufen die anderen?"
....

Eine Forelle zur anderen: „Du, gleich fängt es an zu regnen, komm schnell ins Wasser, sonst werden wir noch nass!"

....

Treffen sich zwei Karpfen. Fragt der eine: „Was machst du heute Nachmittag?"

„Ich glaube, ich gehe schwimmen."
....

Eine Schlange zur anderen: „Sind wir giftig?"

„Ja, wieso?"

„Ich habe mir gerade auf die Zunge gebissen!"

....

Ein Mann kommt mit einem Dackel und einem Schäferhund zu einem Vorstellungsgespräch zum Zirkusdirektor.

Der Schäferhund reißt einen Witz nach dem anderen. „Das ist ja toll, so einen Schäferhund habe ich noch nie gesehen!" meint der Zirkusdirektor.

„Ach was – der Schäferhund kann überhaupt nichts. Der Dackel ist Bauchredner."

....

Wie erkennt man, dass ein Elefant im Eisschrank war? An den Fußspuren in der Erdnussbutter.

Lehrer: „Welcher Vogel baut kein Nest?"

Schülerin: „Der Kuckuck."

Lehrer: „Und warum nicht?"

Schülerin: „Na, weil er in einer Uhr wohnt."

Bei einem Ausflug aufs Land...
Lehrer: „Wie viele Schafe haben Sie ungefähr?"

Schäfer: „Genau 5378 Stück."

Lehrer: „Donnerwetter! Woher wissen Sie das so genau? Haben Sie einen Trick beim Zählen?"

Schäfer: „Ja, ich zähle die Beine und Teile dann durch vier."

Was ist das stärkste Lebewesen? Die Schnecke. Sie trägt ein ganzes Haus auf dem Rücken.

Treffen sich zwei Schnecken an der Straße.

Will die eine rübergehen.

Sagt die andere: „Vorsichtig in einer Stunde kommt der Bus!"

....

Zwei Tauben auf dem Dach beobachten, wie ein Düsenjäger mit langem Kondensstreifen über den Himmel zischt.
Eine Taube: „Der hat es aber eilig."
Andere Taube: „Was würdest Du denn machen, wenn dir der Hintern brennt."

....

Junge: „Was ist ein Rotkehlchen?"

Schwester: „Ach, irgend so ein verrückter Fisch!"

Junge: „Hier steht aber: Hüpft von Ast zu Ast!"

Schwester: „Da siehst du, wie verrückt der ist!"

Fritzchen im Zoo: „Schau mal Papa, was für ein hässlicher Gorilla."

Papa: „Nicht so laut, wir sind erst an der Kasse!"

....

Ein Student spielt in seinem Nebenjob den Gorilla im Zoo, da dieser gestorben war und die Besucher nichts merken sollten. Er macht seine Sache richtig gut. Eines Tages schwingt er mit der Liane zu weit und landet nebenan im Löwenkäfig.

Zu Tode erschrocken brüllt er: „Hilfe, zu Hilfe!"

Löwe: „Sei still, du Idiot! Sonst verlieren wir noch beide unseren Job!

....

Ein Hase im Restaurant: „Herr Ober, bitte ein Jägerschnitzel!"

....

Sitzt ein Pferd in der Bar. Fragt der Barmann: „Na, warum so ein langes Gesicht?"

Stehen zwei Wachhunde im Hof:
„Hörst du nix?"

„Klar höre ich es."

„Warum bellst du dann nicht?"

„Na, dann höre ich doch nix!"

Stehen zwei Schafe auf der Weide. Meint das eine: „Mäh!"

Antwortet das andere: „Mäh doch selber!"

Sitzt ein Kater auf der Mülltonne. Kommt eine Maus vorbei. Sagt der Kater: „He hasste mal 'n paar Mäuse für mich?"

Sitzen zwei Kühe im Kino. Kommt ein Pferd mit einem Strohhut auf dem Kopf und setzt sich vor die Kühe.

Sagt die eine Kuh: „Könnten Sie bitte den Hut absetzen? Wir können nichts sehen."

Da dreht sich das Pferd um und sagt: „Kühe im Kino. Wo gibt's denn so was?"

Mäusemama geht mit ihren Kindern im Mondschein spazieren. Plötzlich fliegt eine Fledermaus über sie hinweg. „Schau mal, Mama, ein Engel!"

Mückenkind darf zum ersten Mal an den Strand.

Als es abends nach Hause kommt, fragt Mückenmama: „Na, wie war's denn?"

„Super, alle haben geklatscht!"

Zwei Schnecken treffen sich auf einer Wiese. Fragt die eine: „Du Arme. Wo hast du denn das blaue Auge her?"

Die andere erklärt: „Sportunfall. Gestern war ich im Wald joggen, als plötzlich ein Pilz vor mir aus dem Boden schoss."

Zwei Ameisen schleppen ein Fenster durch die Wüste. Sie schwitzen und ächzen. Schließlich stöhnt die eine: „Ich kann nicht mehr, es ist viel zu heiß."

Darauf die andere: „Dann mach doch mal das Fenster auf!"

Eine Fliege sitzt auf einem Hundehaufen. Da landet eine andere neben ihr und fragt: „Soll ich dir einen Witz erzählen?"

Die erste antwortet: „Gerne, aber bitte nichts Ekliges, ich esse gerade."

Zwei Fliegen krabbeln auf einem Globus herum. Als sie sich zum dritten Mal treffen, lacht die eine: „Wie klein die Welt doch ist!"

Steht ein Hase vor einem Schneemann und sagt: „Möhre her oder ich föhn dich!"

Das Kamelkind fragt seinen Vater: „Du, Papi, warum haben wir eigentlich zwei Höcker auf dem Rücken?"

Die lustigsten Kinderwitze der Welt | 119

„Darin speichern wir Nahrung, wenn wir durch die Wüste ziehen." Sagt der Vater.

„Und warum haben wir so lange Wimpern?"

„Damit uns der Wind den Sand nicht in die Augen blasen kann, wenn wir durch die Wüste ziehen."

„Und warum haben wir so komische Füße?"

„Damit wir nicht im Sand einsinken, wenn wir durch die Wüste ziehen."

Darauf das Kamelkind: „Und was machen wir dann im Zoo?"

....

Ein Vogelpaar sitzt im Baum und sieht zu, wie eine Schildkröte einen Baum hochkriecht, runterspringt und versucht zu fliegen. Leider völlig erfolglos. Beim zehnten Mal sagt die Vogelfrau zu ihrem Mann:

„Du, ich glaube, wir sollten ihr doch sagen, dass sie adoptiert ist."

....

Sagt der Walfisch zum Thunfisch: „Was soll ich tun, Fisch?"

Sagt der Thunfisch zum Walfisch: „Du hast die Wahl, Fisch."

....

Zwei Mäuse sitzen vor einer Käseglocke. „Schau mal", sagt die eine, „ein Käse in der Falle."

....

Warum soll man Fischen keine Wasserflöhe geben? Weil sie sich nicht kratzen können.

....

Welches Tier kommt mit der wenigsten Nahrung aus? Die Motte. Sie frisst Löcher.

....

Was ist das? Saust in der Luft herum und macht: „Mus-mus-mus". Eine Fliege im Rückwärtsgang.

Großes Geschrei im Dschungel. Ein junger Tiger jagt einen Touristen vor sich her.

Wütend stoppt ihn die Tigermutter und faucht: „Wie oft habe ich dir schon gesagt, man spielt nicht mit seinem Essen!"

Was hat vier Beine und einen Arm? Ein Tiger!

Wie heißt das einzige Tier, vor dem der Löwe Angst hat? Löwin!

Zwei Katzen sitzen vor einem Vogelkäfig. „Lecker, Kanarienvogel!", freut sich die eine.

„Das ist doch kein Kanarienvogel, der ist doch grün und Kanarienvögel sind gelb!"

Darauf die erste Katze: „Klare Sache, der ist noch nicht reif!"

Auf der Polizeiwache schrillt das Telefon. „Hilfe, kommen Sie sofort, es geht um Leben und Tod! Ich werde von einer Katze bedroht!"

„Von einer Katze? Das ist doch nicht so schlimm. Wer spricht denn da überhaupt?"

„Der Papagei!"

....

Das Känguru-Kind fragt seine Mutter: „Mama, darf das Glühwürmchen noch mit reinkommen? Ich möchte noch ein bisschen lesen!"

....

Empört betritt ein Mann die Tierhandlung. „Der Hamster, den Sie mir gestern verkauft haben, ist heute Nacht gestorben."

„Na so was, das hat er bei mir nie gemacht!", erwidert der Zoohändler.

....

Wie kommt eine Ameise über einen Fluss? Ganz einfach: Sie nimmt das A weg und fliegt hinüber!

Wo schlafen die Fische? In Schuppen!

Wer lebt am Nordpol und springt von einer Eisscholle zur nächsten? Der Springuin

Eine Schlange liegt im Dschungel und windet sich vor Bauchschmerzen. Sie jammert: „Oje, hätte ich den Mann doch bloß ohne sein Fahrrad gefressen!"

Zwei Fischdamen sitzen auf einer Koralle bei ihrer Morgentoilette. Fragt die eine: „Würdest du mir bitte mal deinen Kamm leihen?"

Darauf die andere: „Bist du verrückt, bei deinen vielen Schuppen!"

Stehen zwei Ziegen auf der Wiese. Sagt die eine: „Du, gehen wir tanzen?" Meckert die andere: „Nee, ich hab keinen Bock!"

Welche Tiere können höher springen als ein Wolkenkratzer? Fast alle Tiere können das. Oder hast du schon mal einen springenden Wolkenkratzer gesehen?

....

Fragt eine Eintagsfliege eine andere: „Willst du mich heiraten und den Rest des Tages mit mir verbringen?"

....

Wo wohnen Katzen? Im Miezhaus!

....

Klein Dora findet ein Marienkäfer: „Och, bist du auch so allein?"
„Hast du keine Eltern?"
„Sind Mama und Papa etwa schon im Himmel?"
„Willst du sie mal wiedersehen?" (KWETSCH)

....

Der Lehrer fragt Ron: „Warum summen die Bienen?"
Darauf Ron: „Wahrscheinlich, weil sie den Text vergessen haben!"

Fragt die Mutter ihren Sohn Bertram: „Warum fütterst du die Hühner mit Schokolade?"
Sagt Bertram: „Damit sie Schokoeier legen!"

Unterhält sich ein Schaf mit einem Rasenmäher. Sagt der Rasenmäher: „Ich kann kein Gras mehr sehen!" Antwortet das Schaf: „Määääh!"

Fix und Foxy sind grade im Zirkus. Dort treten zwei Zebras auf. Da sagt Fix zu Foxy: „Schau mal, die Esel haben noch ihre Schlafanzüge an!"

Gehen ein Löwe und eine Maus spazieren. Fragt die Maus: „Was essen wir heute?" Antwortet der Löwe: „Na, du bist doch dran!"

Ein kleines Mädchen kommt in die Tierhandlung. Es lächelt den Verkäufer an und sagt: „Ich hätte gern ein Kaninchen."
„Meint der Verkäufer: „Möchtest du dieses kleine, süße, braune Kaninchen mit den großen Augen oder lieber dieses wuschelige, flauschige, weiße Kaninchen?"
Antwortet das Mädchen: „Ich denke, das ist meiner Schlange egal!"

Was ist durchsichtig und riecht nach Karotten?
Antwort: Ein Kaninchen-Furz!

Der Tierarzt zum Hundebesitzer: „Ihre Wohnung muss aber sehr schmal sein!" Darauf der Hundebesitzer: Das stimmt, aber woher wissen Sie das?"
„Weil ihr Hund mit dem Schwanz nicht von rechts nach links, sondern von oben nach unten wedelt."

Laufen ein Elefant und eine Maus am Fluss entlang. Da tritt der Elefant aus Versehen auf die Maus und sagt: „Entschuldigung!" Da sagt die Maus: „Hätte mir ja auch passieren können!"

Eine Schnecke und ein Stier heiraten. Eines Tages gehen sie auf einer Wiese spazieren. Da sieht der Stier eine Herde Kühe. Er rast zu den Kühen hin und tanzt wild um sie herum, voll außer sich.
Die Schnecke bebt vor Zorn und sagt zu dem Stier: „Gib halt zu das du mich nur wegen meinem Haus geheiratet hast!"

Bert bringt aus dem Urlaub einen Papagei mit. Der Zollbeamte an der Grenze liest aus den Regeln vor: „Ein Papagei lebend kostet 3000 Euro. Ein Papagei ausgestopft ist zollfrei!". Da krächzt es aus dem Käfig: „Hey Junge, jetzt mach bloß nichts Falsches!"

Ein Hund sagt zum anderen: „Magst du Kinder?"
Darauf der andere Hund: „Hundefutter ist mir lieber."

Das Kälbchen findet auf der Weide einen Arbeitshandschuh. Aufgeregt läuft es zu seiner Mutter und ruft: „Mama, Mama, du hast deinen Büstenhalter verloren!"

....

Sagt ein Herrchen zum anderen: „Mein Hund kann etwas Tolles. Sage ich sitz, dann sitzt er!"
Sagt das andere Herrchen: „Mein Hund kann was viel Besseres. Wenn ich sage Platz, dann platzt er!"

....

Drei Schnecken gehen auf den Bahngleisen spazieren. Sagt die erste: „Guck mal, da kommt ein Zug!" - Knack. Die zweite: „Wo?" - Knack. Antwortet die dritte: „Da!" - Knack...

....

Im Zoogeschäft: „Haben Sie zufällig einen sprechenden Papagei?"
„Nein, aber ich hätte da einen Specht."
„Ach, kann der denn sprechen?"
„Nein, aber morsen!"

....

Die lustigsten Kinderwitze der Welt | 129

Im Selbstbedienungsladen des Waldes steht schon am frühen Morgen eine große Warteschlange. Ein Häschen kommt angerannt und arbeitet sich mit dem Ellenbogen zum Eingang, wo der große Bär steht. „Häschen, der Anfang der Schlange ist dort hinten. Ab!"
Das Häschen verdrückt sich eingeschüchtert. Am nächsten Tag ist die Schlange noch länger. Das Häschen kämpft sich wieder zum Eingang.
Wieder steht der Bär ganz vorne: „Hatte ich dir nicht gestern schon gesagt, dass das Ende der Schlange da hinten ist? Marsch!"
Da sagt das Häschen trotzig: „Na gut, dann mache ich den Laden heute eben wieder nicht auf!"

Zwei Hunde nehmen im neu eröffneten Tierrestaurant Platz und studieren die Speisekarte. Fragt der Ober: „Was darf's denn sein?"
„Wir nehmen zweimal Bellkartoffeln!"

Kommt ein Mann in eine Bar und sieht ein Pferd, das hinter den Tresen Getränke ausschenkt.
Da sagt das Pferd: „Hey Freund, gibt's ein Problem. Hast du noch nie ein Pferd Drinks machen sehen?"
Da sagt der Mann: „Nein, nein, das ist es nicht. Ich kann bloß nicht glauben, dass der Bär den Laden verkauft hat!"

....

„Ist ein Eisbär eigentlich immer weiß?" – „Klar, wenn er rot wäre, hieße er doch Himbär!"

....

Die Spatzenfrau sagt zu ihrer Freundin: „Ich lasse mich scheiden!"
„Warum?"
„Ich hab's satt. Mein Mann hat seit längerem eine Meise!"

....

Zwei Tierärzte operieren einen Elefanten. Danach sagt der eine: „Instrumente haben wir diesmal doch wohl keine vergessen, oder?"
„Das nicht", erwidert der andere, „aber wo steckt eigentlich Schwester Annegret?"

....

Drei Tiere streiten sich darum, wer am meisten Angst einjagen kann.
Wolf: „Wenn ich brülle, hat der gesamte Wald Angst!"
Bär: „Wenn ich brumme, haben sogar viele Menschen Angst!"
Schwein: „Wenn ich huste, zittert die ganze Welt!"

Geht Gundula ins Tiergeschäft und fragt: „Wie viel kostet ein Goldfisch?" Antwortet der Verkäufer: „6 Euro!"
Darauf Gundula: „Das ist mir zu teuer. Habt ihr auch Silberfische?"

Treffen sich zwei Kühe auf der Wiese, sagt die eine: „Hmm, das Gras ist aber heute lecker!" Sagt die andere: „Sei doch mal still, wir können nicht reden!"

Sagt das eine Schwein zum anderen: „Ist doch sowieso Wurst, was aus uns wird!"

Stehen 3 Kühe auf der Weide. Sagt die erste: „Muh!" Sagt die zweite: „Muh!" Und die dritte sagt:
„Muh, muh, muh!" Da erschießt die erste Kuh die dritte und die zweite fragt entsetzt: „Wieso hast du die dritte Kuh erschossen?" Sagt die erste zur zweiten: „Die wusste einfach zu viel!"

....

Fragt der Känguru Vater seine Frau: „Wo ist denn unser Kind?"
Da beugt sich die Känguru Mutter vor und ruft erschrocken: „Oh je, ich habe ein Loch in meinem Beutel!"

....

Was macht ein Känguru, wenn es nichts verlieren will?
Es macht seinen Beutel zu damit nichts rausfällt!

....

Ein Bus hält an einer Haltestelle. Dort steigt ein Pferd ein. Da sagt der Busfahrer: „Ich habe noch nie gesehen, dass ein Pferd mit dem Bus fährt!" Daraufhin sagt das Pferd: „Mein Auto ist grade in der Werkstatt!"

....

Beim Zirkusdirektor klingelt das Telefon. Er nimmt ab und eine Stimme sagt: „Entschuldigung brauchen sie ein sprechendes Pferd?"
Der Direktor meint: „Das gibt es doch gar nicht!", und legt auf. Zwei Minuten später klingelt das Telefon wieder und die Stimme fragt: „Brauchen sie wirklich kein sprechendes Pferd?"
Der Direktor schreit: „Nein!" ins Telefon und legt wieder auf. Zwei Minuten später klingelt es wieder und die Stimme fragt wieder das gleiche.
Nachdem der Direktor wieder nein in den Hörer gebrüllt hat, sagt die Stimme: „Bitte legen sie nicht nochmal auf. Es ist ziemlich schwer mit den Hufen die Nummer zu wählen!"

....

Wie bekommt man eine Giraffe in den Kühlschrank?
Antwort: Tür auf, Giraffe rein, Tür zu!

....

Eine Spinne geht ins Fundbüro und sagt: „Ich glaub ich hab den Faden verloren!"

Kommt ein Mann in die Tierhandlung und fragt: „Haben sie auch Affen?" Antwortet die Verkäuferin: „Warten Sie, ich hole kurz meinen Chef!"

Kommt ein Frosch zum Bäcker und sagt: „10 Brötchen, du Dummkopf!"
„Das ist ja eine Unverschämtheit!" sagt der Bäcker, aber er gibt ihm die Brötchen trotzdem. Am nächsten Tag kommt der Frosch wieder: „10 Brötchen, du Dummkopf!" Darauf der Bäcker wütend: „Wenn du das noch mal sagst, nagele ich Dich an die Wand!" Noch einen Tag später kommt der Frosch erneut und fragt: „Hast du einen Hammer?"
„Nein, habe ich nicht."
„Hast du denn Nägel da?"
„Nein, habe ich auch nicht." sagt der Bäcker. Darauf der Frosch: „Na dann gibt mir mal 10 Brötchen, du Dummkopf!"

Treffen sich drei Tiere. Ein französischer Rappe, ein deutscher Schimmel und ein englischer Fuchs.
Sagt der Fuchs: „Ach je, ach je, ach je, unsere Sprache ist ja so kompliziert. Wir schreiben School und sprechen skul."
Sagt der Rappe: „Bei uns ist es viel schlimmer. Wir schreiben Renault und sprechen Reno!"
„Das soll schwer sein?", meint der Schimmel, „Bei uns schreibt man Wie bitte und spricht HÄ?"

....

Ein Papagei sitzt vor einer Zoohandlung. Jeden Morgen geht eine Frau vorbei und der Papagei spricht zu ihr: „Du siehst aber hässlich aus."
Nach einigen Tagen stinkt's der Frau, sie betritt den Laden und meint zu dem Verkäufer: „Also ihr Papagei da draußen, der sagt jeden Tag zu mir, ich sehe hässlich aus!"
„OK", meint der Verkäufer, „Ich werde mit dem Tier reden!" Als die Frau am nächsten Morgen wieder vorbeikommt, sagt der Papagei: „Du weißt Bescheid!"

Was macht ein Holzwurm, wenn ihm die Zähne ausfallen?
Antwort: Er wird Bücherwurm. Da ist das Holz schon vorgekaut!

Ein Dino Baby: „Mama, komme ich eigentlich in den Himmel oder in die Hölle?" „Aber nein mein Schatz, du kommst ins Museum!"

Zwei Hunde kommen aus dem Dorf zum ersten Mal in die Stadt und sehen eine Parkuhr. Sagt der eine zum andern empört: „Nicht nur, dass sie einen die Bäume wegnehmen, sie nehmen für das Pinkeln auch noch Geld!"

**Warum haben Fische Schuppen?
Antwort: Damit sie ihre Fahrräder dort unterstellen können.**

Kommt ein Fuchs morgens um 6 Uhr in den Hühnerstall und ruft: „Raus aus den Federn!"

Fragt eine Gans eine andere: „Glaubst du an ein Leben nach Weihnachten?"

....

Warum haben Kühe eine Glocke um den Hals? Antwort: Damit sie beim fressen nicht einschlafen!

....

Woran erkennt man, wo der Wurm seinen Kopf hat?
Antwort: Man kitzelt ihn in der Mitte und beobachtet dann, welche Seite grinst!

....

Ein Pferd kauft sich Filzpantoffeln. Fragt der Verkäufer: „Für was brauchen sie denn die?" „Na damit ich nachts an die Futtervorräte schleichen kann!"

....

Im Sportartikelgeschäft: „Ich habe mir ein Pferd gekauft und bräuchte jetzt noch die passende Hose dazu. Haben sie da etwas für mich?"
„Aber sicher doch. Welche Größe hat den das gute Tier?"

Fragt der kleine Leander: „Papa was ist ein Goldfisch?" Antwortet dieser: „Eine Sardine, die im Lotto gewonnen hat!"

Eine Frau kommt mit einem Frosch auf dem Kopf zum Arzt. Der Arzt fragt: „Was kann ich für Sie tun?" Da quakt der Frosch ganz unglücklich: „Helfen Sie mir Herr Doktor. Irgendetwas klebt an meinem Fuß!"

Skelettwitze

Nachts um Mitternacht geht ein Skelett auf dem Friedhof spazieren. Plötzlich versperrt ihm der Friedhofswärter den Weg und sagt: „Um Mitternacht darf man nicht mehr rausgehen. Da schimpft das Skelett wütend: „Frechheit. Und dafür zahlt man Miete!"

....

Kommt ein Skelett zum Arzt und fragt: „Was fehlt mir Herr Doktor?"
Darauf der Doktor: „Das kann ich ihnen erst nach den Röntgenaufnahmen sagen!"
....

Ein Skelett im Restaurant bestellt sich ein Wasser und einen Lappen zum Aufwischen...

....

Zwei Skelette bei windigem Wetter. Sagt das eine: „Das geht einem durch und durch!"

....

Ein Skelett kommt zum Zahnarzt. Der schaut sich die Zähne an und schüttelt dann bekümmert seinen Kopf: „Ihre Zähne sind ja soweit in Ordnung, aber das Zahnfleisch macht mir Sorgen!"

Kommt ein Skelett an einen Eimer voll Wasser vorbei, beugt sich darüber und sagt mitleidsvoll: „Du warst sicher mal ein Schneemann!"

Sagt ein Skelett zum anderen: „Komm wir gehen an den Strand!" Darauf das andere: „Lieber nicht, da blamieren wir und bis auf die Knochen!"

Warum können Schnecken nicht tanzen? Weil es keine Musiker-Band gibt, die so langsam spielen kann!

Wie öffnet ein Skelett seine Haustür? Mit seinem Schlüsselbein

Warum fährt ein Skelett in die Werkstatt?
Weil alles klappert

ENDE

Meine Witze

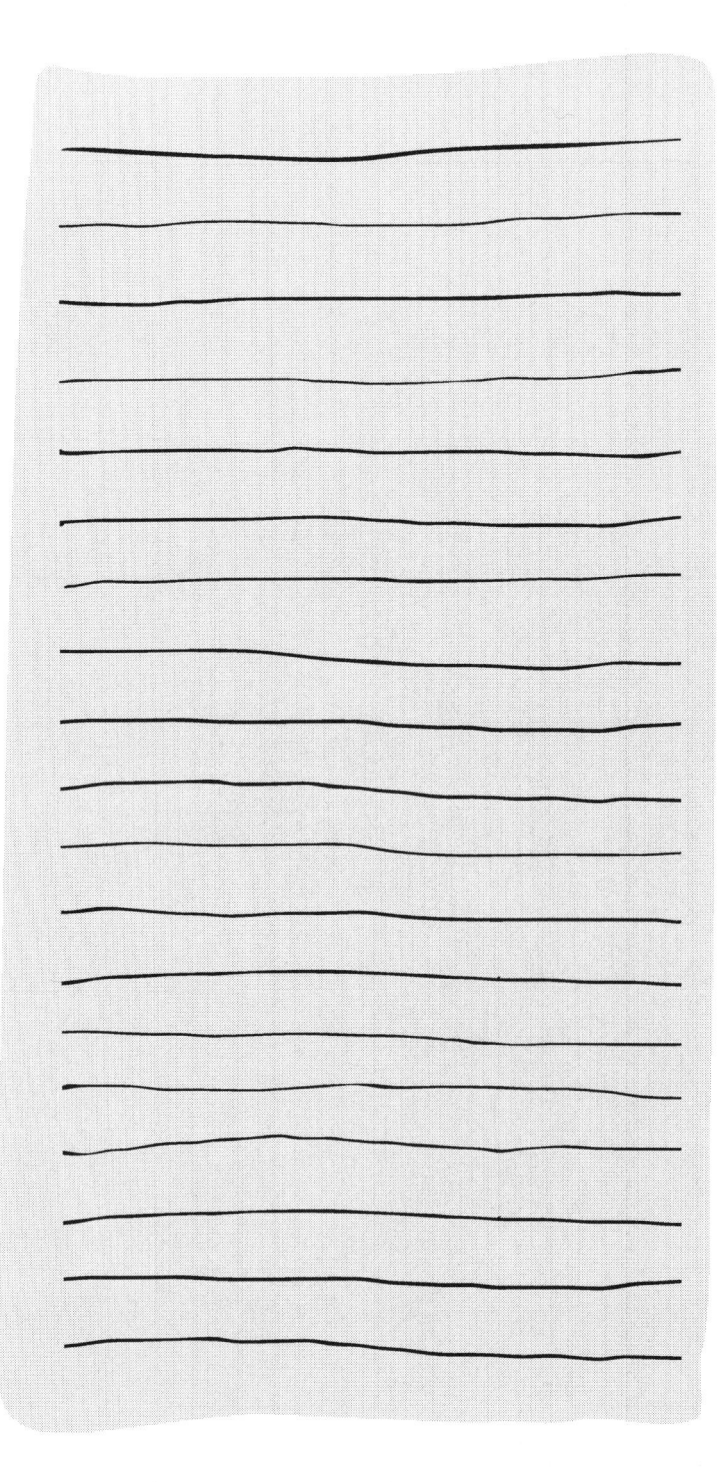

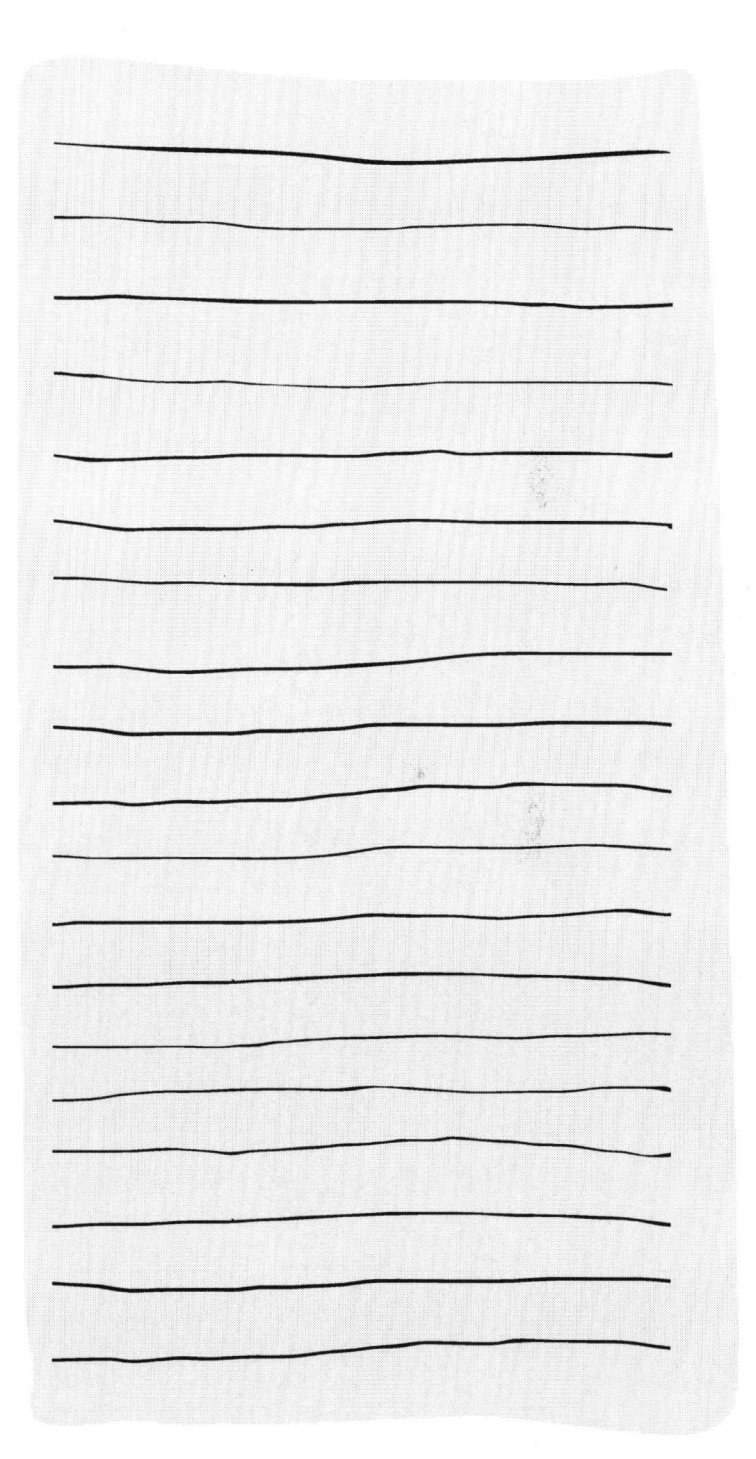

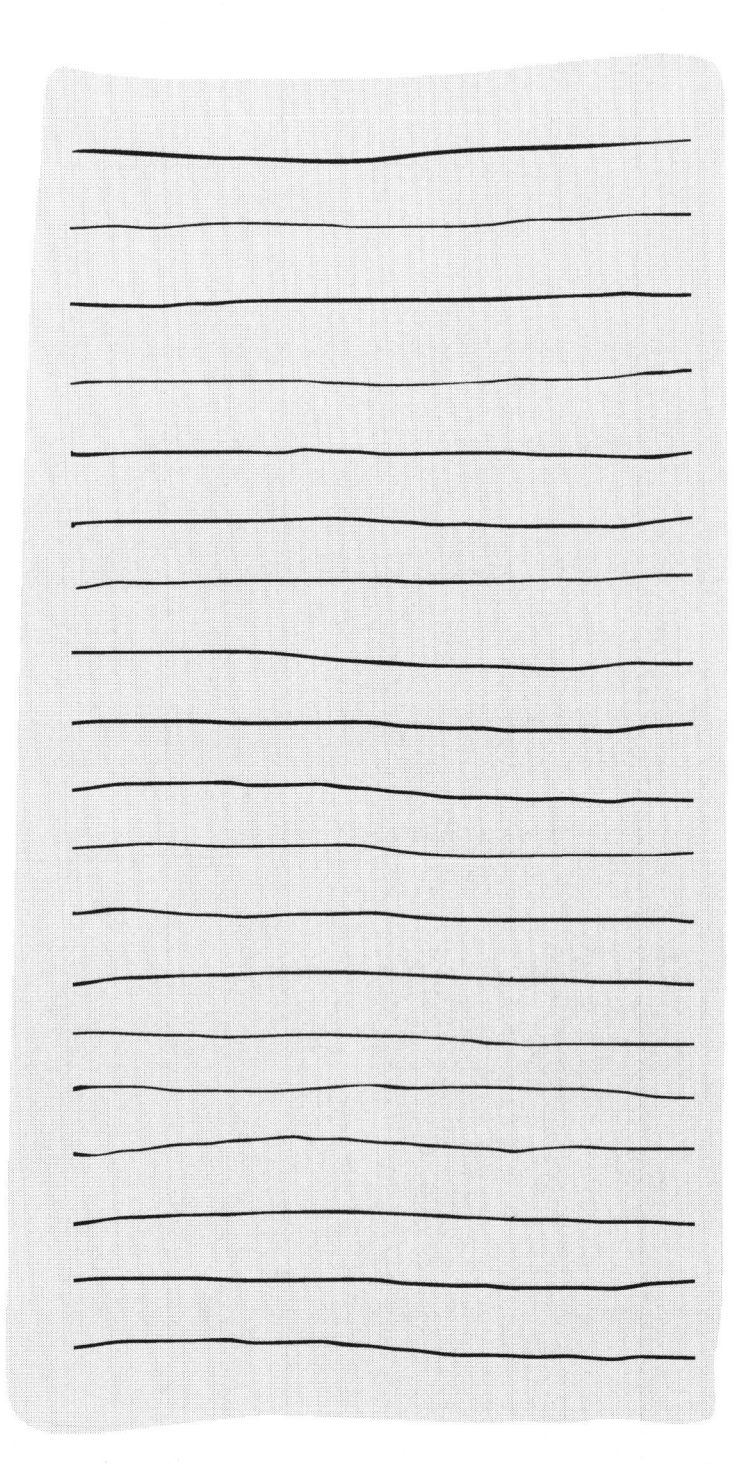

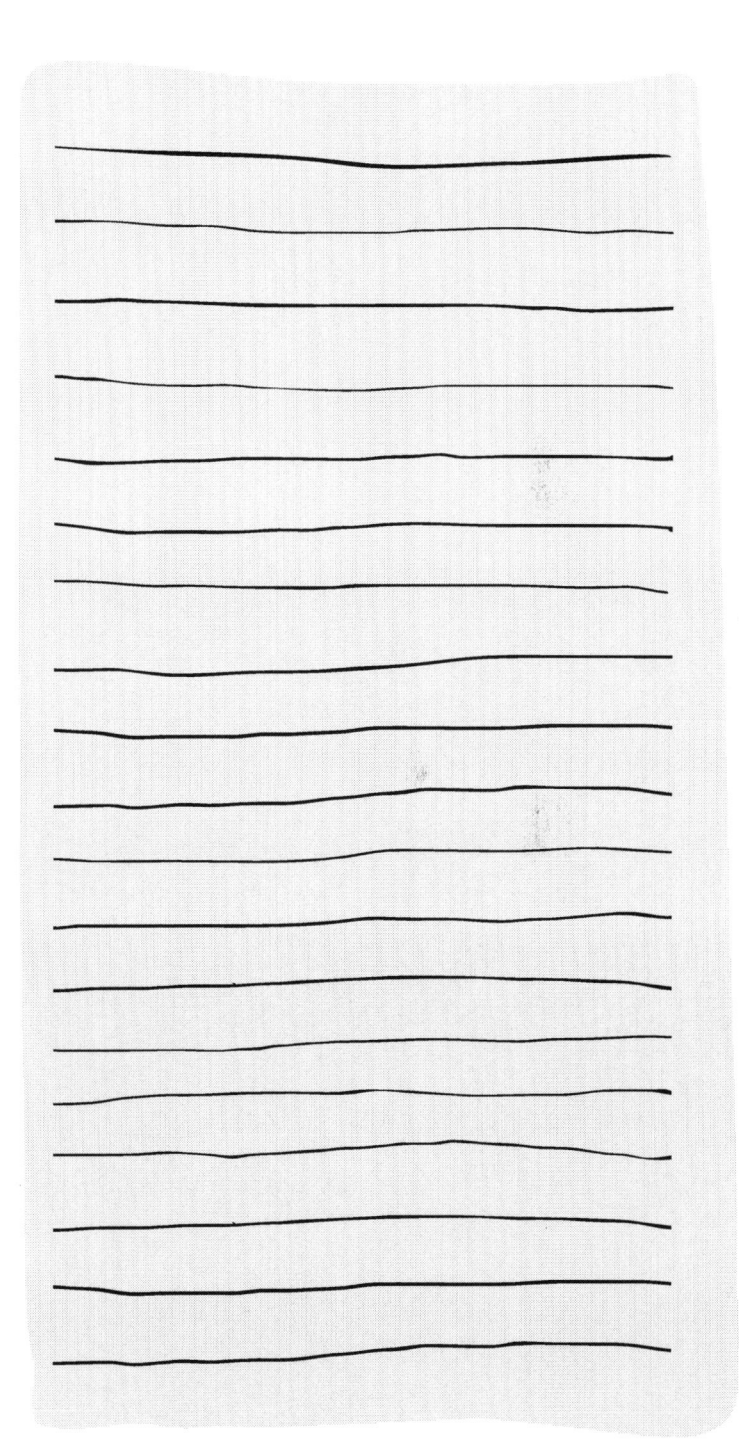

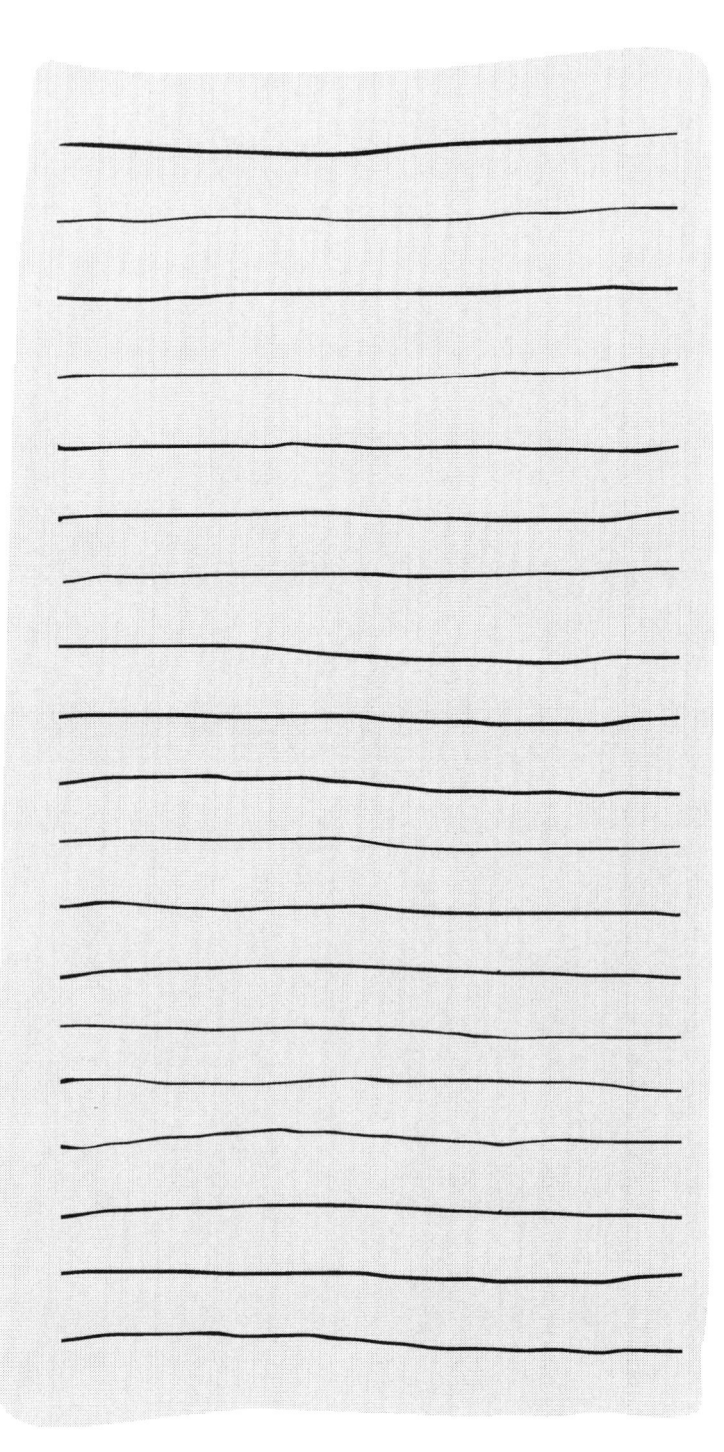

Haftungsausschluss

Der Autor übernimmt keinerlei Gewähr für die Aktualität, Korrektheit, Vollständigkeit oder Qualität der bereitgestellten Informationen und weiteren Informationen. Haftungsansprüche gegen den Autor, welche sich auf Schäden materieller oder ideeller Art beziehen, die durch die Nutzung oder Nichtnutzung der dargebotenen Informationen bzw. durch die Nutzung fehlerhafter und unvollständiger Informationen verursacht wurden, sind grundsätzlich ausgeschlossen.

Impressum

©Markus Möglich 2020
2. Auflage
Alle Rechte vorbehalten.
Nachdruck, auch auszugsweise, verboten.
Kein Teil dieses Werkes darf ohne schriftliche Genehmigung des Autors in irgendeiner Form reproduziert, vervielfältigt oder verbreitet werden.

Markus Möglich wird vertreten durch
Nicolas Feldmann/Luciastr.14/47608 Geldern
Icons made by Freepik/monkik/iconixar from flaticon.com

Covergestaltung und Satz: Wolkenart -
Marie-Katharina Wölk, www.wolkenart.com

ISBN: 9798684023521

Printed in Germany
by Amazon Distribution
GmbH, Leipzig